至真至美

——发现山西秘境

刘 勇 著

机械工业出版社
CHINA MACHINE PRESS

本书是作者十多年来深入考察山西，探访建筑文化遗产以及人文景观的记录。采用第一人称讲述方式，以地域为中心，按照晋中、晋北、晋南、晋东南四大地区板块，透过古建介绍文化景观，体现根植于建筑的历史文化遗存，探索罕见留存的古建风貌，传承中华文明的精华。

图书在版编目（CIP）数据

至真至美：发现山西秘境 / 刘勇著 . -- 北京：机械工业出版社，2024.9（2025.3 重印）. -- ISBN 978-7-111-75959-1

Ⅰ . K928.925

中国国家版本馆CIP数据核字第2024TF7281号

机械工业出版社（北京市百万庄大街22号　邮政编码100037）

策划编辑：李　艳　　　　　　　责任编辑：李　艳
责任校对：曹若菲　丁梦卓　　　封面设计：张　静
责任印制：任维东

北京瑞禾彩色印刷有限公司印刷

2025年3月第1版第2次印刷

169mm×239mm・22印张・2插页・327千字

标准书号：ISBN 978-7-111-75959-1

定价：129.00元

电话服务　　　　　　　　　　网络服务

客服电话：010-88361066　　机 工 官 网：www.cmpbook.com

　　　　　010-88379833　　机 工 官 博：weibo.com/cmp1952

　　　　　010-68326294　　金 书 网：www.golden-book.com

封底无防伪标均为盗版　机工教育服务网：www.cmpedu.com

序一

在旅行中发现文明

冬至节气时看到的这份书稿是深入山西寻访文化遗产的记录。诚如作者所说，我们的传统文化遗产近百年来破坏严重。《中国国家地理》杂志社有关注传统文明的《中华遗产》杂志。如何继承和发扬中华传统文化，也是我们在做的事。

从中国文明的世界地位到 21 世纪的社会变迁和发展，我们认识到，一个民族最应该珍视的首先就是本民族的优秀文化遗产。刘勇先生具有学术背景和职业背景的优势，我想他在做的事情，是非常适合他的。也只有按照自己的兴趣和爱好去做，才能连续多年在一个目的地不断深入探索。

文明不仅仅在书本上，更多的内涵需要去感知。中华文明是我们的根，而很多忙碌的都市人好像忘记了自己是从哪里来的。文明的普及工作在当下尤为重要。

在中国大地上，山西的位置十分独特，《中国国家地理》杂志上的很多文章都曾描述过山西的大好河山。历史和地理在这里交汇，为我们保存下无数传统文化遗产，刘勇先生通过他的旅行，系统展现了这里的文明精华。

文如其人。这本书稿看后让人感到作者对中华文明真挚的情感，客观而实在。细节最迷人，通过作者的记录，我们走到三晋的沟沟坎坎里，古建、壁画、古墓、遗址、非遗，看到了众多迷人的人文美景。作者选择的路是小众中的小众，他做

了，而且坚持做出了成绩。我想这是有价值的探索——通过自己的旅行，激发对文明的热爱。

传承中华文明的精华，旅行是非常有现实意义的途径。

希望看到作者更多的人文旅行故事和感悟，这是枯坐书斋不可能得到的。

李栓科

中国科学院地理科学与资源研究所研究员

《中国国家地理》杂志社社长兼总编辑

序二

为刘勇赞

给素不相识的陌生人提笔做文，多年间不曾有过。

今日是个特例。

先谈两点体会。一者，晚清及至辛亥以来百多年，国人以急切之心，对应弱国弱势，由是西学东渐，新说崛起，中华文化中心离别中原，迅速向东部向海岸转移，学人不再记挂古老的山西文史；二者，晋省因煤而盛而衰而生态破坏而腐败塌方，一朝煤情低落，顿时无言以对，难逃今人诟病，文风盛蔚之古远三晋，其历史文化积累亦遭忽略，鲜有学人记挂在心。

面对一远一近两遗忘之现实，我诚挚地赞许一位陌生学子。

这位北京人名叫刘勇，今年四十有余，是读历史的研究生。毕业后，在京城从事旅游媒体，做到编辑总监，事业上升，光景小富。不料，到了2011年，刘勇在山西行走三个月，生活立即起了变化，他辞掉好职位，从此将整个身心与山西黏成了一坨。朋友提起刘勇，便会说：他不在山西，就在去山西的路上。

刘勇跑山西，连续数年痴心不改。他没有采用自驾汽车快捷随意的方式，而是采取大众办法：长途车，宿小店，吃土饭，饮山泉。晋省各个县区，他全部跑遍，有些地方不止跑了一趟，长治地区先后去了三次，犹叹不足。某次，他在朔州崇福寺漫游，管理者将其遗忘，他发出短信告友：我被幸福地锁在大寺中……

要问这是为什么？只因山西不一般。刘勇说：去过世界上许多地方，无一处像山西这样，让他魂牵梦绕，流连忘返。刘勇认为，从山西探索中华民族的古远足迹，最集中也最真切，"五千年文明看山西"，不是一句空泛广告，而是精辟的科学总结。他在自媒中说："山西历史的巨大魅力，让我得到无尽思考，翱翔在历史的天空，是人生一大乐事。"

刘勇曾在京举办"三晋文明之旅"讲座、"去山西寻访文明的真迹"专题沙龙和"山西旅行分享会"，别开生面。京城不少人饱受感染，纷纷跟上刘勇，西行览晋而来。刘勇一边感叹"山西文史，气场犹在"，一边兴致勃勃担当向导。这一系列行动，与做生意赚钱都不沾边。可以说，刘勇兄弟是一位"比山西人更爱山西"的学界好儿男。

刘勇把山西称作"历史遗产的价值洼地"，旅行中兼有著述。其《平遥祁县太谷旅行指南》一书，融浸许多文史知识；《山西自助游》第四版，为全省指南；这一本《至真至美——发现山西秘境》，旅行记录的同时，趋向学术思考。

是啊，千年古训，知行合一，三晋大地，表里河山，从根本上契合了刘勇效力的专业：中国古代史学。我想到，大侠大贤徐霞客，不惧艰险，毕生游走中华大地，今人难及前贤之万一。

学子这番举动，踏行黄土求索真知，步履前贤后尘，比起当今许多显贵大师，不知强实多少倍。话说到这里也就清楚了：一位外埠都市史学朋友，执着坚韧，日夜奔走在三晋热土，将他的生活他的学识，与山西紧紧捆绑一处，从而谱写出笔底华章，彰显了生命意义，追寻着人生梦想。我不赞他，又赞谁人？

刘勇，未婚。游历间结识了不少本土朋友。友人们关注他的行迹，我才知晓斯人斯事。今后，学子行走间或有难处，一定相告，咱们是自家人了。我还想知道，日暮晨昏岁月风寒，刘勇兄弟有没有相遇一位山西热妹？说得来，且同行，改善一下苦行僧状态，那该多么好。当年，梁思成与林徽因赴晋探幽，就是结了伴的。

刘勇说得对，"山西文史，气场犹在"，让我们一道坚定地行走下去。

赵瑜

著名作家

中国报告文学学会副会长

山西省作家协会副主席

自序

为什么是山西？

为什么是山西？

很多朋友知道我这些年"泡"在山西，经常这样问我。

确实，在当下如火如荼的旅游热潮中，有上千个理由可以把山西排除在外。不过，学业的背景和多年的职业经历，让我逐渐看清，山西正是寻访传统文化遗产的"价值洼地"。

山西的人文环境保持着难得的原生态，让人惊叹的文化遗产遍地都是：

让人震撼的平遥古城、五台山、云冈石窟三大世界文化遗产；

内外两道的明代万里长城；

已发现旧石器地点 700 处，占全国总数 70%，全国第一；

已公布的 8 批 5000 多处全国重点文物保护单位中的 531 处，占全国总数 10%以上，全国第一；

其中有全国公认仅存的唐代木构建筑，是现存木建筑中最早的；

其中元代和元代以前的木建筑 500 处以上、占全国总数 80% 以上，全国第一；

寺院壁画和出土墓葬壁画 25000 平方米以上，全国第一；

……

此外还有大量非物质文化遗产遍布各地。

对这些数字不必烂熟于胸，看到那些瑰丽的景象，为血脉中无法抹去的本源而自豪，就已足够。每当来到佛光寺东大殿这类早期建筑的脚下，我就会感到一种让人激动不已的气场。

说到山西的特色，很多人说是"土"。我想，应该再加上个修饰词——"土得掉渣儿"。那里有原生态的环境，在太行山和黄河之间的这片黄土地上，古建、民居、手工作坊、地方戏、方言、面食……毫无雕琢地存在着。"土"是客观的，也是传统文化形象的反映。这里说的"土"没有贬义，相反我觉得亲切、真实。

山西地域面积不大，传统文明遗迹遍及各地，在最密集的晋东南和晋南地区，县、乡、村里，就有多处"国宝"。比如在稷山县马村，以元代壁画著称的青龙寺与宋金砖雕墓群相距不到 200 米；在芮城县龙泉村，唐构广仁王庙与搬迁来的元构永乐宫比邻而望。

五台山、云冈石窟和平遥古城是山西境内的三大世界文化遗产，在它们身边也有常被忽略的美景：五台山外以唐佛光寺、南禅寺为代表的台外古寺群；大同城里的上下华严寺、善化寺；外长城沿线的密集古堡群；平遥城外双林寺 2000 多尊彩塑、镇国寺万佛殿的古建和彩塑……观赏这些少人关注的"国宝"，我往往会有意外的"收获"——游人几乎为零！很多地方都是"个人专场"，除我以外，再无访客。有一年的某个中午在朔州崇福寺，去吃饭的管理员把我忘了，于是我幸福地被反锁在古寺里。

当下流行穿越剧，如果真要找穿越的感受，最简单的就是去山西。在这里，可以与佛光寺 1200 年前的唐代菩萨对视；看 600 年前广胜寺水神庙壁画上的元朝百态；沿着 500 年前的明代残长城前行；走进龙门寺，分属六个时代的殿宇并存至今；登上太行至尊王莽岭，穿过人工开凿的挂壁公路，时光机带我走向峡谷深处的石头村。

山西没有光鲜的外表，有时还显得过于朴素，如古建洗尽铅华的原木构件，质朴是让人最踏实的一种美。

从黄河之滨蒲津铁牛到外长城脚下得胜古堡，从太行娘子关城到碛口石窟，

穿越在山西的我，快乐、惊喜、感悟、幸福。这是地理上的穿越，更是精神上的穿越。有形和无形的遗产在这里交织，构成无尽的中华文化宝藏。我看到了宝山一角，发觉还有更多迷人的秘境。

在山西的旅行必须与淳朴的当地人民打成一片。背包的路上，我总能遇到好心人帮助，人品爆发：在前往介休途中，长途车售票员主动帮我找车；偏关大卡车司机主动让我搭车去县城；长治出租司机退车费……不胜枚举。他们帮我认识了山西，也认识了自己。

有人说我是中了山西的"毒"，我说自己是"山西控"。其实这都是历史的机缘巧合：百年来，中华文明饱经劫难，人文景观几乎被摧残殆尽。而山西被历史的偶然性选中，成为最后的伊甸园。于是，我不由自主地被这片黄土地深深吸引，在这里寻找传统文明的精神和物质碎片，唤醒都市浮华背后尘封的文化记忆。

在山西的人文旅行，让我感到无穷的文明力量，属于山西，属于中国，也属于世界。如果有更多人通过我的文字和图片，产生一份情愫，前往山西，了解祖先遗产，激活血脉深处的文化因子，产生对文明的热爱，那就是我最大的愿望。这份情感可能就是我们的文明源远流长的密码。

目录 C O N T E N T S

第一篇

晋中 三晋之花

晋北 长城内外

第一篇

——

晋中 三晋之花

本篇讲的晋中是"大晋中"概念，包括太原、晋中、阳泉和吕梁四个市级行政区，地处山西省中部。这里的地理标志是典型的两山夹一川。东部太行山和西部吕梁山中间是肥沃的汾河盆地。正如民歌《人说山西好风光》中所唱："左手一指太行山，右手一指是吕梁""你看那汾河的水呀，哗啦啦地流过我的小村旁"。

这里的历史积淀如黄土地一样深厚，再与雄奇的地理风貌结合，成为在山西寻访传统文化遗产的重头戏。

太原是山西省会城市，正处在三晋大地的中心。太原的前身晋阳曾长期是古代山西地区的首府。汉代并州刺史部治晋阳，自此太原简称"并"。这里发生过无数重大历史事件，三家分晋、高欢建霸府、李渊起兵、五代风云。

行走在当今太原东部的繁华街道，不经意间就会遇到一些著名文物古迹。市区西南方向的晋祠被称为"山西的故宫"，是必去之地，深入周边会发现，太原西山古迹的内涵如连绵的群山般广袤。

汾河流域是晋商文化的大本营。保存至今最有名的晋商大院都集中于此。从榆次到灵石，一路沿着汾河过府穿州，总能看到显赫的宅院，精华密布于太谷、祁县、平遥。平遥古城是世界文化遗产，重要性自不待言，太谷和祁县则是常被忽视的晋商重地。

在太行、吕梁广大山区，我们能看到后沟这样的古村落样本，也能看到繁荣一时的商贸古镇碛口；有娘子关这样的雄关险隘，也有绵山、张壁古堡、庞泉沟和云顶草原的风光以及南匈奴废都左国城。

在晋中地区的旅行绝不仅仅是"晋祠＋平遥"那么简单，它们只是回到原乡的开始。惊叹之余，我们会发现黄土地深处更丰厚的人文风景。

太原锦绣

山西博物院

几十年来，山西博物院的前身山西博物馆展厅一直借用文庙。山西博物院在汾河西岸建成后，20 多万件展品得以全新示人。博物院正门坐西朝东，宽阔大平台中间是如斗似鼎的博物院主馆。圆形大厅从地面到采光顶 33.9 米高呈八角状逐渐向上收分，设计灵感来自应县木塔的造型。

山西博物院 12 个展厅，从 2 层开始依次向上到 4 层，是以晋魂为主题的"文明摇篮""夏商踪迹""晋国霸业""佛风遗韵""民族熔炉""戏曲故乡""明清晋商"7 个历史文化专题陈列和"翰墨丹青""瓷苑艺葩""方圆世界""山川精英""土木华章"5 个艺术专题陈列，每个展厅里都有极具艺术和历史价值的文物珍品。

"文明摇篮"展厅里是文明初期的人类生活器具，是祖先能生存下来的必备物品，如芮城县西侯度遗址出土的 180 万年前的凹刃刮削器；襄汾县丁村遗址出土约 12 万年前 10 岁儿童的牙齿化石；阳高县许家窑遗址出土约 10 万年前的石球，新石器时代的陶壶、彩陶罐等。

"夏商踪迹"和"晋国霸业"展厅的青铜器琳琅满目，陈列多件

山西博物院镇院之宝　鸟尊

国宝：石楼县出土商代龙形觥，灵石县旌介村出土商代兽形觥和雷纹提梁卣；曲沃县北赵村晋侯墓出土西周晋侯壶和兽目交连纹方壶及鸟尊、兔尊、猪尊等；春秋时期晋侯墓出土的编钟和赵卿墓出土的 19 件一组的编镈、7 件套附耳牛头螭纹蹄足升鼎、侯马市上马墓地出土蟠龙纹方壶等。其中西周晋侯鸟尊是山西博物院的镇院之宝。

"佛风遗韵"展厅有交城县白云寺唐代释迦坐像、长治县南王村唐代彩绘弥勒像龛、洪洞广胜寺《赵城金藏》、北周释迦立像、北齐观音菩萨五尊像等。展厅还有一尊明代菩萨像保存完好，姿态十分优美。

"民族熔炉"展厅有太原市王家峰村徐显秀墓出土彩绘石雕墓门和黄绿釉带盖罐、釉瓷灯，襄汾县吴兴庄村出土西汉雁鱼铜灯，榆社县出土北魏孙龙石椁、朔州市出土西汉高奴庙钫，右玉县大川村出土胡傅温酒樽等。娄睿墓壁画和虞弘墓汉白玉石椁都是举世罕见的精品。这一展厅反映了十六国北朝时各民族在山西生活的画卷。

"佛风遗韵"展厅一隅

"戏曲故乡"展厅亮点是稷山县马村金代二十四孝珍品，出自完整的金代晚期砖雕墓。展厅展品以山西南部出土的戏曲和舞蹈为题材的砖雕为主，用实物证明，晋南是宋元戏曲重镇。

5个艺术专题展厅也大有看头。

在"翰墨丹青"展厅首先看到的是元代画家王渊的《桃竹锦鸡图》。明代的《雪景山水画》《溪桥钓艇图》《松亭飞瀑图》《兰亭修禊图》等，清代的《晓烟宿雨图》《林亭春晓图》《水仙双鱼图》也尽收眼底。收藏明代徐渭草书《咏月词》、董其昌楷书《千字文》，还有山西名家傅山草书、行书真迹，清代于成龙、陈廷敬等名臣手迹。

"瓷苑艺葩"展厅分为质朴的北方窑瓷器和绚丽多彩的彩瓷两个部分。其中精品如汾阳市北关村隋代梅渊墓出土青釉印花高足盘，朔州市出土唐代绞胎瓷枕，太原市小井峪村出土北朝青绿釉龙柄鸡首壶，有明确纪年的明代标准器青花三足筒炉，元代青花缠枝牡丹纹罐及明清时期的诸多彩瓷等。

"方圆世界"展厅展出的是历代货币，战国时期韩、赵、魏货币最有山西特色。重要展品如商代晚期"海贝""铜贝"，西周时"原始布"，战国"尖足布""方足布""刀币""三孔布"，其中"方足布"和"三孔布"是孤品。

"山川精英"是玉器展厅，分"礼仪器""配饰器""丧葬器""陈设器"和"生活用器"五个部分。精品如新石器时代礼仪器玉璧和玉琮；商代玉戈、玉鹰，西周晋侯墓地出土装饰器玉人、玉项饰、玉璜；春秋时期礼仪器玉圭、玉璋；唐代装饰器花鸟纹玉梳背；明清陈设器青玉描金花瓣碗、白玉嵌宝石描金碗、青玉龙纹宝月瓶等。展厅中心是晋侯8号墓棺复原模型。

山西现存自唐代以来古建筑数量居全国之首。"土木华章"展厅除陈列自唐代以来的经典古建模型外，还展出琉璃艺术品，如元代的琉璃鸱吻、明代的琉璃楼阁等。佛光寺东大殿、南禅寺、应县木塔等著名建筑模型都在其中。展厅中展出多座古建中的精美壁画复制品。

博物院展厅里无声地叙述着这片文明沃土上过往的灿烂和辉煌。如果希望了解山西叹为观止的文化遗产精华，我想参观山西博物院是最便捷的门径。

寻访老太原

山西多山，太原之名点明了这里的地理面貌是一片开阔的原野，古城太原又称龙城。自春秋末年三家分晋开始，在太原起兵夺取天下或争雄中原的历史大戏层出不穷，留下众多脍炙人口的故事和大量文物古迹。

几十年来，太原城市面貌日新月异，还有多少能寻觅的人文遗迹呢？

从地名走进老太原的细节吧。多年前，太原启用了富有文化味道的名字，迎泽、杏花岭、万柏林、尖草坪、晋源，既有地方人文特色又有诗情画意。三晋大地英雄辈出，时过境迁，太原还保留着不少老地名：柳巷、开化寺、桥头街、文津巷、文庙巷、狄梁公街、水西门、旱西门、辑虎营……让人们回想起沉淀在这里的往事。

走进柳巷

太原最早的街巷在哪？很多人说是柳巷。柳巷之名出自柳树成行。又有传说明军攻打太原城时，大将常遇春进城打探，险遭不测，被一柳姓女子解救，后将其地命名为柳巷。

来柳巷不能不提这里的众多老字号，它们有的风光不再，有的已退出柳巷，但都是柳巷传统商业文化的代表。

"清和元"，桥头街上最著名的饭庄，在柳巷老字号里时间最久，名气最大，以经营传统晋菜为特色，创建于清初。其著名特色吃食"头脑"又称八珍汤，是一种滋补汤。"头脑汤"是隆冬时节太原人最热衷的早点，热乎乎的滋润身心。我曾在太原品尝过包括"清和元"在内的多个新老馆子的"头脑"。

山西美食以面食为主，花样繁多，正餐之外，走亲访友总要带上点作为礼物。以桂花元宵闻名的"老鼠窟"是特色店铺，月饼是糕点铺"双合成"的主打产品，现有六大系列，上千种口味，其中"郭杜林"晋式月饼制作工艺还是国家级非物质文化遗产。

柳巷里有一处老字号的产品几乎成了山西的美味标志，就是"益源庆老醋"。源自明代宁化府的老作坊，至今依然红火。在柳巷只要闻到醋味就可以找到它，保准没错。每天都有很多本地人拿着大塑料桶来打散醋。宁化府是金字招牌，荞麦为原料的小瓶醋很受欢迎。以"东湖"为品牌的山西老陈醋集团在马道坡街有厂房，开设陈醋博物馆供游人参观，名东湖醋园，可以参观制醋全过程，选购不同种类的醋。太原郊县清徐醋厂很多，也有类似醋园，但还是"益源庆"的醋更有名。

面食店品稍梅

太原解放路上有一家老店——启功先生题字的"山西面食店"。这是家老字号，早年间店家推出面食品种上百个，生意火爆。现在太原市面上的面食馆无数，"山西面食店"店面已显得老旧，但食客还是很多。客人大多是本地的中老年人，老顾客们大多是带着饭盒来的，坐等稍梅（烧麦）打包回家。

这是家典型的国营饭馆，点餐后先结账，和快餐店类似。客人自己接面汤，让我想起儿时的记忆。既然是面食店，面食肯定是最大特色，这里6种面的套餐就是为我这样的人准备的：拔尖、刀削面、红面擦尖、揪片、一根面、包皮面，再配6种调料浇头，服务员端上来整整摆满半张桌子。再来份稍梅、千叶豆腐、灌肠，都是名吃。这里的稍梅很著名，馅料好，面好，筋道十足。"稍梅好吃难和面，皮薄包馅打花难。"入口味道浓郁醇厚。这顿面食是真吃撑了。

山西国民师范旧址

山西国民师范旧址革命活动纪念馆原为"山西省立国民师范学校"，如今保存下来的旧址基本上得以修旧如旧。新大门与原有建筑外观完全一样，看上去没什么区别。进门后的大草坪北侧第二栋是东西向长方形的两层砖石建筑，楼上的长走廊连通着各个房间，类似建筑可以围合成若干院落。

翻开老照片，我们看到，1936年国民师范停办，这里以山西牺牲救国同盟会

山西国民师范旧址

名义举办多种培训班，培训爱国青年 4500 人。1937 年在这里成立了山西青年抗敌决死队。

山西督军府旧址

位于太原市府东街北侧的山西督军府旧址，是千百年来山西的政治中心所在。现存建筑为清末民国时期建筑群，近年已全面修缮。

自北宋初年毁晋阳古城建太原城开始，山西最高军政管理中心应即在这一带。清代这里是山西巡抚衙门，民国时期为督军府，现存建筑群大体仍保存当年的格局。中轴线上自南向北，主要建筑有为门楼、渊谊堂、自省堂、梅山钟楼等。门楼原为巡抚衙门大门，现为二层单檐歇山顶建筑。

前院北侧的渊谊堂，原为巡抚衙门大堂，后改为凹字形砖木混合建筑，前有卷棚抱厦三间，外观二层，内部中间为大厅。

自省堂是礼堂，即梅山会议厅，在后院北侧，始建于民国七年（1918）。自省

渊谊堂外观

堂匾为徐世昌题写。这座西式建筑，采用中式装饰，面阔九间，平面呈工字形，屋顶是卷棚歇山顶，四角各一攒尖角楼，二层有围廊。

梅山钟楼即进山楼，砖石结构，基座三层，总高五层，是督军府北部制高点。

渊谊堂东侧是东花园，民国时期为阎锡山住处。内北厅在东花园北侧，是阎锡山办公的地方。玉堂春在东花园东北部，有大堂、二堂，均面阔五间，有廊相连，呈工字形，原为明代布政司衙门旧址。

东区闹市中的古建

中国文化的世界观是包容开放的，多种宗教在中国和谐共处。从城市到乡村，在力所能及的情况下，各地居民都建起精神寄托的场所，太原也不例外。繁华的城市东区集中了各大宗教场所。在方圆不出 5 公里范围内，这些文物古建济济一堂，均已得到保护，成为重要文化遗产。

纯阳宫

纯阳宫在太原五一广场西北把角儿上。供奉道号纯阳子的唐代道士吕洞宾，因此得名，俗称吕祖庙。周围是繁华的商业街区，步入第一道门，外面的喧嚣就好似被隔绝。眼前是四柱三楼木牌坊，东侧是假山，西侧是碑廊和一尊弥勒铜佛。正面对的是二道山门——道德之门，其实这才是原本的山门。北面刻有篆文"蓬壶佳瑞"四字，极其难认。纯阳宫占地有限，别有洞天，这自然要归功于古人的精心设计和施工。

纯阳宫始建年代不晚于元世祖忽必烈时代，重修于明万历年间，整修、扩建于清乾隆年间。丘处机弟子宋德方曾在此任住持。蒙元时他主持开凿西山龙山道教石窟。沿中轴线向北依次是五进院落，主要建筑有吕祖殿、回廊亭、灵宝洞、玉皇阁（魏阁）、砖券窑洞、关公亭等。

一进院西侧是碑廊，展出文物为墓志铭和造像碑两大类。墙壁上嵌东魏北齐至明清时的数十通墓志铭。其中不乏研究价值颇高的名刻。如东魏北齐的六镇贵族刘懿、库狄回洛、韩裔等人墓志可补正史之不足。库狄回洛和夫人墓志，唐代柳行满和夫人墓志，展现胡汉民族融合。北魏以来的各类造像和造像碑中以武周时期的涅槃造像碑最为著名。因体量大，保存完整，多图雕刻细节，是珍贵的一级文物。造像碑铭文也为研究提供难得的资料，曹恪碑、妒神碑、傅山先生草书碑均为书法名碑。

三进院主体建筑是吕祖殿，面阔三间，殿内供奉吕洞宾塑像，像旁一侧是明代侍女铜像，另一侧为周公像，周公被后代尊为道教中人。殿前石栏上的大小狮子姿态各异，活泼灵动。

四进院正中是二层回廊亭，亭中有铜铸镏金毗卢佛像，前有明代铁狮一对。亭子二层通过飞桥和四周的二层建筑连为一体。院落八面均为砖券窑洞，里面供奉各路神仙，四角是九角攒尖亭。四进院的建筑形式暗合道家八卦布局。灵宝洞内壁

纯阳宫

上展出部分东汉画像石,历史研究和艺术价值都很高。

五进院内最高的是木构玉皇阁,二层有楼梯和东西配殿的二层相连,在环廊上可看到不同角度的院内景色。大殿和配殿中有历代文物展出,其中最为经典的是盛唐时的常阳天尊石像,保存完整,题记明确,还有发愿文。

纯阳宫现在的制高点是大门东侧小石山,山脚下有一尊独角兽,石阶旁有一唐代伎乐石柱,小山上有元大德元年(1297)玄通弘教披云真人碑,山顶四角亭内是关公骑马铜像,昂头提刀很威风。每次走进纯阳宫,欣赏、品鉴、思考……乐此不疲。

崇善寺

崇善寺是数百年来太原市内香火旺盛的佛教寺院。明洪武年间,晋王朱㭎为纪念母后在前代寺院基础上扩建,后定名崇善寺,为明代晋藩家庙。极盛时占地

崇善寺山门

245 亩，号称"晋国第一伟观"。清同治年间失火，大部分建筑被烧毁。崇善寺现存一进院，有山门、两侧钟鼓楼、主殿大悲殿。

大悲殿是原中轴线上六大殿中唯一幸存建筑，面阔七间，进深八椽，重檐歇山顶，绿琉璃剪边。普拍枋规整，阑额宽大，柱础素面。大悲殿是明初皇家建筑代表作。殿中供奉三尊明洪武年间贴金泥塑菩萨像，正中是千手千眼观音菩萨，左文殊菩萨，右普贤菩萨；这三大菩萨像组合，合称"三大士"。室内天花板大部分完好。

大悲殿保存宋元以来佛教典籍 4 万多卷，包括早期木刻版北宋《鼓山大藏》、南宋《碛砂藏》等珍贵佛教典籍，也是古籍善本。还有《释迦世尊应化示迹图》《善财童子五十三参图》壁画摹本，保存至今也有 500 多年历史。

双塔寺

市区东南的双塔寺是老太原的地标。随着太原城市的发展，原在郊外的古寺进入了城市范围。双塔寺名为永祚寺，坐南朝北，始建于明万历时期，此寺有四大看点：双塔、无梁殿、名帖碑碣、明牡丹。

双塔中先有南侧的文峰塔，后建北侧舍利（宣文）塔，现统称宣文塔。砖石结构的双塔均为八角 13 层，高度也都在 55 米左右，仿木斗拱也类似。不过双塔区别很明显，建塔的目的不同，文峰塔是地方文人为弥补西北高，东南低的地势，祈愿文气昌盛而建，没有塔基座，只有一门，无佛龛，塔檐也没有琉璃瓦剪边。外形上也可区别：文峰塔上下直径几乎相同，舍利塔有收分，七层以上更明显。舍利塔是明晋藩王请五台山僧人也是著名建筑师妙峰禅师主持修建，因得到尊号"宣文"的万历之母李太后资助而得名，一层开西北方向和东南方向的两门。

双塔被列为古太原八景之一的"双塔凌霄"。从舍利塔内狭窄的石阶登临而上，在每层的瞭望口向西望去，太原锦绣尽在眼下。双塔曾受损严重，近年来双塔寺得到修缮。

双塔寺藏有历代碑碣 260 多方。最初来源是明晋藩王府所藏名帖《宝贤堂集古法帖》，清代有补刻。石刻集各代著名书法家墨宝于一堂，其中碑廊最北端有 3

锦绣太原城

牡丹盛开中的双塔寺

通苏东坡"赤壁怀古"刻石是原迹摹本。

双塔寺大雄宝殿是典型无梁殿，二层建筑。下层大雄殿面阔五间，殿内供奉铁铸横三世佛。上层观音阁面阔三间，单檐歇山顶，绿琉璃瓦剪边，内部屋顶中间是逐层收窄藻井。殿内居中为送子观音像，左右为文殊和普贤菩萨像。旁边耳殿里有双塔寺修建过程和山西名塔介绍。厢房一侧为禅堂，另一侧为客堂。

殿前花圃是牡丹园。其中有一株明代牡丹花被称为"紫霞仙"，是牡丹老品种，堪称太原牡丹之祖。每年立夏时节牡丹花盛开，寺内举办花会。在古寺欣赏明代牡丹绽放，是明清以来几百年的一件乐事。

汾河出山处

发源于管涔山的汾河一路南下，在太原西北方向出山。如今山间兴建汾河二库，既可调控洪水，也利于人们日常使用，自此洪水不再发威。在这片山区隐藏着不少环境清幽之所，傅山故事更是这片山区的人文亮色。

窦大夫祠

古人相信神明可以调控水资源，于是建起很多祭祀场所，汾河出山处的窦大夫祠就是这样一处。这里现存是一组依山而建古建群。窦犨，春秋晋国人，曾开水渠方便民众，后被赵简子所害。祭祀他的祠堂可能唐代已有，逐渐成为祈祷风调雨顺的场所。现在的大殿是元代建筑。正方形一开间的歇山顶献亭如大鹏展翅，屋顶居中的天宫楼阁式八卦藻井造型精巧。大殿五开间悬山顶，殿门是厚重板门，护门铁上有元代题字。殿中供奉窦大夫坐像，两旁空位传说留给龙王像，祈雨时要请出龙王一起祭拜。窦大夫像旁有块梧桐木，传说用手摸树干，可治百病，日久天长，木头被摸得光可照人。

祠堂东边是明保宁寺和民国时期山西省政府主席赵戴文的公馆和坟茔，与窦

窦大夫祠

大夫祠连成一片。祠堂西边就是汾河，河边烈石山几十米高的峭壁下原有泉水，因温度低被称为"寒泉"。"烈石寒泉"是太原古八景之一。祠堂北边山地扼守太原北大门，地理位置险要，民国时期有军工单位使用。

净因寺

汾河西岸崛围山脚下土堂村有座净因寺，以直接在黄土上建造的土佛闻名。进村的路崎岖不平，小寺在村子尽头大坡上。净因寺现存两进院落，前院大佛阁里就是著名的土堂大佛。这尊大佛高9.5米，建于金泰和二年（1202），至今保存完好。佛前有两尊精美胁侍菩萨像和历代重修碑。大佛仪态安详，完全在黄土上开凿，被形象地称为"土堂大佛"，在山西仅次于稷山大佛，是第二大"土佛"。后院的大殿面阔三间，单檐悬山顶，殿内供奉三世佛。寺内还有十八罗汉、十殿阎君等彩塑，堪称明塑精品。院里长势奇特、枝权张扬的古柏被称为"土堂怪柏"，是太原古八景之一。古时的佛家弟子充分利用黄土的特性造像，节省财力，也是因地制宜的创新。经过历代看护和修缮，800年土佛完好保存至今。

崛围山和多福寺

满山红遍时登崛围，是几百年来太原著名的民俗活动。

从山脚下的呼延村向西走是登临崛围山最方便的山道。半山上的标志物是一座六角7层的砖塔。

塔身上嵌石碣——明隆庆年间《崛围山多福寺重修宝塔碑志》，记载了当年重建经过和捐资人名单。铭文

"土堂大佛"

有"大定庚寅文惠大师建舍利宝塔于其山，高四丈。干云霄而直上者也。"后记明嘉靖年间塔受损，寺僧和呼延村人士联合捐款修塔之事。可见此塔最初为金代风格，明代重修，现在是明代风格。

站在塔前，东面正前方一马平川，汾河水蜿蜒曲折地穿过太原城，空中有淡淡轻雾，再看西侧，大山连绵逶迤，山顶上的蓝天要透亮多了。

塔边山坳里是多福寺，唐代此处已有寺院。明代重建后曾是明晋藩王礼佛场所。深山中的古刹建筑群恢宏大气，现有三进院落。大雄宝殿面阔五间，单檐歇山顶，孔雀蓝琉璃瓦剪边，体量大，等级高。殿内塑三世佛、四菩萨、二天王，三佛背光完好，菩萨立像颇有几分阴柔之美。壁上的佛传壁画84幅，达上百平方米，沥粉贴金尚存，是明代作品。二进院主体藏经楼是上阁下洞双层建筑。楼东侧石砌窑洞红叶洞，是明清之际太原著名学者傅山读书行医处。洞前有清代石碑上书"傅青主先生读书处"。傅山长期生活在崛围山地区，窦大夫祠、净因寺等地也都曾是

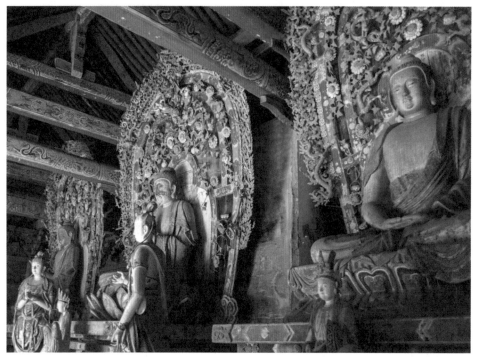

多福寺大殿内彩塑

他读书之所。站在山巅，天地疏朗，红叶点缀在山谷间。青主在山中为人为学，成就人生高度。因为傅山，崛围山更为深邃。

山环水抱晋之源

古人认为山环水抱的形势为佳。山水为城市增添了灵气。太原发展初期正是在这样的地理环境中起步的。太原的水自然是山西母亲河——汾河，山则是连绵起伏的吕梁山支脉，这一带山地统称为西山。

如今的太原西山文化区即是以晋阳古城为中心分布的。西山地区的文化遗存是晋阳古城文化的自然延展。

古今晋阳城

晋阳古城遗址分为古城遗址和寺观墓葬遗址两部分。以晋阳古城遗址 20 平方公里为中心，周围依山势分布寺观建筑，在西山脚下缓坡地带广泛分布墓葬等遗址，总面积 200 平方公里。晋阳古城创建于春秋中晚期，分为西城、东城、中城、太原府、晋阳宫城、大明宫城、仓城、罗城等部分。晋阳古城范围地跨汾河两岸，唐代发展到鼎盛时期，形成"跨汾连堞"三城并举的宏大气势。如今晋阳古城遗迹主要包括古城营村的西城城墙、南城角村的西城西南城角、古城营村内的两座夯土建筑基址等。多年来晋阳古城考古发掘工作一直在进行中。在晋阳古城为中心的太原西山文化区，随时都有重大考古发现的可能。

太原古县城近几年来已经完成大规模改造，恢复古城墙，修缮、复建大部分宅院，作为文旅景区开放。

太原古县城内复建院落

太原古县城四门，敌台 32 座，城高三丈，壕深一丈。城垣周长 3732 米。东、西、南、北四条大街汇于十字街中心。四条大街上原有 12 座牌坊，22 处五道将军庙。小城里随处可见五道将军庙。五道将军民间传其为道路交通之神主，主管阴阳之际，于是民间村落的路口多可见小巧的五道将军庙方便人们祈福。20 世纪 40 年代，城内有各类作坊店铺 200 多家，南关、西关的车马旅店有 40 余座，是个商贸繁荣的小城。

古城内外尚存十几座历代祭祀场所，如文庙、东岳庙、关帝庙、玉皇庙、隆恩寺、财神庙、龙天庙，儒释道三教与地方神明祭祀场所在此齐聚一地。名目繁多的祭祀场所也是传统中国城市中不可或缺的。

古城中保存最好的是东街路北的文庙古建群。旧时太原古县城农历七月间抬诸神像出游盛会，迎神活动的中心是龙天庙。龙天大庙会以祭拜龙天神为核心，以

赤桥村刘大鹏故居

民众巡游为线索，串起晋源众神，传说中高高在上的晋祠圣母也赫然在列。明清民间信仰和百姓生活高度交融，庙会成为祭祀、商贸、娱乐为一体的大型民间活动。龙天神崇拜应是十六国北朝以来汾河流域民族大融合的文化产物。

古城西赤桥村有清末民国太原著名文人刘大鹏故居。刘大鹏著述颇多，其《退想斋日记》内容丰富，记录社会现象、日常生活，颇有史料价值。

晋祠

悬瓮山下的晋祠是太原西山一带最有名的地方。晋祠本是祭祀晋国祖先之地，随着时代变迁，其内涵愈发深厚。有种说法：晋祠相当于山西的"故宫"，不到晋祠，不能说到过太原。确是事实，晋祠是山西最著名的人文景观。

人们喜欢到晋祠游览的一大原因是古建文化遗产和自然山水在此完美结合。晋祠最初是祭祀祠堂，后期不断增加的建筑散落在山水之间，并未完全按照传统的中心对称格局安排。于是我们能看到以圣母殿为核心的威武大气的古建群，也能看到鱼沼飞梁、难老泉等水景成为灵动的亮点。动静结合、威严大气与阴柔温和并存，汇聚历代文化精华，晋祠这一宏大的园林体系，终成无可争议的三晋第一名胜。

北魏地理学家郦道元在《水经注》中记载："悬瓮之山，晋水出焉……沼西际山枕水，有唐叔虞祠。"可见1500年前晋祠已经存在。唐叔虞，晋国第一代国君，周成王之弟，桐叶封弟的故事至今被人们传诵。千百年来，晋祠从祭祀君主的官方祠堂，逐渐成为各方人士向往的地方。晋祠文物古迹在山西的地位，远超一般的名胜。

从正门进入晋祠，首先看到精致的水镜台是一座繁复华丽的木构明清戏台。前行是著名的金人台，台上著名的宋代铁人像，其中被人们摸得最亮的一尊胸前保存宋代铸造题记。有人认为铸造铁人的目的是拱卫圣母殿中刘太后的化身——圣母。宋代铁人历经千年，依然威武。4尊铁人中有1尊是民国时期所补，一眼就能看出差距来。紧挨着的献殿是金代建筑，仿如一座凉亭，四面开敞，在这里观景的视野很好。殿顶轻盈地搭在梁架上。走过献殿来到著名的鱼沼飞梁上，这座精巧的

艺术化互通式古桥，装饰作用远远超过使用功能。水池上架起的十字交叉小桥，更多是从景观方面考虑。如今在桥上俯瞰碧水锦鲤，依稀还有些古人的情趣。

飞梁北面的重檐歇山顶宏伟建筑就是圣母殿，建于北宋天圣年间（1023—1032）。高大台基上的大殿面阔七间，四周围廊。廊下有高大的力士塑像和历代修缮石刻。殿前檐下8根立柱上8条木蟠龙环绕而上，雕于北宋元祐二年（1087）。它们张牙舞爪，活灵活现。千年之后，颜色褪尽，原木色的蟠龙依然威猛。

圣母殿是现存标志性北宋时期木构建筑。"柱生起""柱侧脚""减柱法"等当时开创性的建筑手法均有体现。为合理用材兼顾美观和安全，殿内没有立柱，广阔的内部空间为安放宏大的彩绘塑像群提供了便利。殿中供奉的圣母是唐叔虞之母、姜太公之女邑姜。精美神龛内盛装圣母像端庄而坐，侍者和侍女环绕，现存43尊彩塑。北宋匠人的技法高超自然，殿内彩塑是公认的艺术瑰宝。侍女像年纪不同、神态各异，服饰是淡雅简洁的北宋风格。周柏、难老泉、侍女像号称晋祠三绝，从

圣母殿是晋祠的核心建筑

艺术角度看，北宋侍女像肯定是三绝之首。

　　晋祠本是唐叔虞祠，主殿供奉其母的原因，应从北宋时期统治者压制"太原龙脉"的举动开始。北宋平定十国的最后一国是与辽国结盟的北汉，直到宋太宗时期才攻克太原，统一内地。太原号称龙城，五代乱世期间，也是"龙兴之地"。后唐、后晋、后汉三代政权出自沙陀军事集团，北汉是其尾声。为"绝后患"，宋太宗下令彻底毁灭老晋阳城。北宋中期再建晋祠时值刘太后当政，传说出身寒微的她将祖先附会到太原刘氏一族。按其形象塑造的圣母像安置在晋祠中央，唐叔虞祠则改在东南侧。

圣母殿内北宋侍女像

　　偏处一隅的唐叔虞祠内彩塑保存完整，保留了元代风格，特别是前殿内一组不苟言笑的乐伎形象尤为特别。唐叔虞祠外的房间内是唐太宗李世民征高句丽回师途中，留住太原期间的手书唐碑《晋祠之铭并序》，其行书笔法之美，是书法中的国宝。

　　圣母殿西南侧是水母楼和难老泉。泉水下是三七分水的水口，流出的水据说是智伯渠上游。泉水边上是王家祠堂。"王"是山西著姓，明代名臣王琼在此为太原王姓的始祖王子乔立祠。王家祠堂南面是傅山纪念馆和董寿平书画馆，他们都是太原名人。傅山纪念馆是了解傅山生平和作品的好去处。过一小坡，就看到了挺拔的舍利生生塔，那是晋祠里幽静的一角——十方奉圣禅寺。

天龙山

晋祠后山的公路通向山中的天龙山和龙山。天龙山的兴盛要追溯到北朝权臣高欢。高欢成为东魏大丞相后常驻晋阳，在同属西山的天龙山、龙山上建起佛寺。其子高洋建立北齐，西山一带出现寺院建设热潮。隋唐时，西山佛教石窟和寺院达到极盛。今天我们看到的只是幸存下来的一小部分。

天龙山经历 500 年的兴建，山脚下的天龙寺（宋代改为圣寿寺）建于北齐，山崖上的石窟被称为天龙山石窟，位于一处山崖东西两部分，现存石窟 25 窟。

学术界一般将天龙山石窟开凿分为四期。第一期北魏末至东魏时期（528—550），即东峰第 2、3 窟，为一组双窟，方形覆斗顶，三壁三龛。窟门圆拱形，门侧雕八角形门柱，柱头有凤鸟。三壁圆拱龛，造像面相清瘦，身材修长，衣纹自然，端庄安详，延续了北魏末年风格。藻井可见完整的莲花图案。两窟之间壁面上的摩崖碑早年被毁，只存精美螭首部分。

第二期北齐（550—577）共开凿 3 窟，即东峰第 1 窟，西峰第 10 和 16 窟。窟形前廊式，前廊仿木构三开间，廊下雕八角柱，柱下有覆莲柱础，柱头上置大额枋，枋上雕出一斗三升斗拱和曲臂叉手，窟门两侧各一力士。造像面相浑圆，身体硕壮。佛像发髻低平，着褒衣博带式或袒右式袈裟，腿部双阴线衣纹。

漫山阁内是最大的第 9 窟

东峰第1窟前室石柱上是一斗三升斗拱。窟内三壁三龛，圆拱形龛内都是一佛二菩萨造像组合，残损严重。

第三期隋代开凿，东峰第8窟为中心塔柱窟，窟壁和塔柱四周造像。此窟形在云冈石窟、敦煌莫高窟、北响堂山大佛洞均有。第8窟是天龙山目前唯一能明确判断绝对年代的石窟。仿木三开间前廊下一柱已经不存，只剩一柱。根据廊侧摩崖功德碑文考证，此窟开凿完成于开皇四年（584），是当时以刘瑞等为首的三十余人联合出资开凿。第8窟分前后室，主室内有中心塔柱，塔柱四壁上雕刻精美帷帐，龛内一坐佛二弟子立像组合。窟内正壁和东西壁大龛内雕一坐佛，龛外左右二弟子、二菩萨立像组合。窟内局部可见红色的颜料痕迹。

第四期唐代开凿共 15 窟。第 4~7 窟均残损严重，三壁三龛式为主流。西峰第 9 窟约在晚唐开凿，规模最大，分上下两层，窟前明代建漫山阁，阁三层，重檐歇山顶。漫山阁近年复建，在原格局基础上有所外扩。现存上层为弥勒倚坐大佛，下层以高 11 米的十一面观音像居中，左右是文殊和普贤菩萨。三大菩萨像后侧的石壁上雕无数佛坐像。观音像身材高挑健硕，衣着华丽，佩戴项圈、臂钏、手镯，周身披璎珞，身着罗纱，身体略自然弯曲。观音像面庞圆润，眉眼细长，嘴角微翘。第 9 窟工程浩大，在山石上先凿出大体轮廓，再慢慢雕造。

山间的圣寿寺大部分建筑是 20 世纪 80 年代以来重建的，大殿是山下北大寺村崇福寺大殿搬迁而来。山门两侧高大泥塑力士残像，还能感受到血脉贲张的力量。如此生动的艺术品表现的无疑是唐风。天龙山附近山谷还有些零散遗存，如小型石窟和佛塔等，未来的文物考古工作会有更多发现。

龙山石窟

从晋祠去天龙山的路上有龙山岔口。佛教和道教在龙山共生。前山的龙山石窟是罕见的道教石窟，这里共有 9 窟，全部建在山顶一处凸出的悬崖上。唐代所凿的第 4 窟三天大法师龛和第 5 窟玄真龛开凿最早。元代开凿的洞窟最多，第 1、2、3、6、7 窟由丘处机弟子宋德方主持兴建。第 1 窟虚皇龛，龛内雕元始天尊坐像，头已不存，衣饰自然流畅，两侧各雕侍者像十尊，脚下流云缠绕，头上似有光环。第 2 窟三清龛，供奉道教三大主神，居中为玉清元始天尊，左为上清灵宝天尊，右为太清道德天尊即太上老君。两侧壁雕真人和侍者像。面型端庄，衣着沉厚，双手持圭捧于胸前。浮雕五龙藻井色彩艳丽。第 3 窟卧如龛，窟正面长方形高台上有一尊侧身卧像，头东足西，长 1.8 米，即王重阳像。第 6 窟是主持开窟的宋德方及其弟子像。窟壁上雕一门，高浮雕形式的童子半身已在门内，这是宋元时期的常见建筑装饰手法，俗称"妇人半掩门"，在山西文物古迹上多能看到。第 7 窟七真龛，也称玄门列祖龛，体现全真七子讲经论道情景。全真七子、披云子宋德方是《神雕侠侣》《射雕英雄传》等武侠小说中出现过的真实历史人物。宋德方的道教事业在这里得以传世，历史和传奇的交集就在龙山石窟。

从龙山石窟走林间小路，步行 30 分钟可到童子寺遗址。据记载，北齐高洋、唐高宗、武则天等都曾来礼佛，附近有童子寺大佛和北齐燃灯塔。当年皇家多次布施，大佛也曾披上皇帝赐予的袈裟。香火旺盛以至僧尼住宿要转去附近的别院皇姑洞、石门寺。敦煌写卷 S.373 的诗集残卷中有两首唐诗描写童子寺。七言诗《题北京西山童子寺七言》："昔时童子募（慕）清闲，今古犹传在此山。百派峥嵘流海内，千溪□虬透云间。猿啼岭上深幽静，虎啸岩边去复还。恓想翠花峻谷变，空留禅室喜登攀。"《题童子寺五言》："西登童子寺，东望晋阳城。金川千点渌，汾水一条清。"童子寺大佛所在山体严重滑坡，近年考古发掘出部分文物和建筑基础，千佛造像残件，地表可见殿宇地基和柱础。

在残损斑驳的燃灯石塔前向西北看去，是晋阳古城位置，如今的晋源区。

太山龙泉寺和店头古村

太山位于龙山北侧风峪沟北。太山半山上有古寺龙泉寺。山脚下有李存孝坟

太山龙泉寺出土唐塔地宫石门

冢。李存孝是李克用手下猛将，后因谋反被杀。进入山门是前院，正中是上下两层大雄宝殿，面阔五间。下层窑殿内供奉观音、文殊和普贤菩萨，称"三大士殿"，上层是佛祖阁。院内巨碑据说是唐景云二年（711）所立，碑文已经风化无法辨识，螭首的确是大气的唐代风格。院内存有唐文德元年（888）华严经幢一节。

近年在寺东山坡上发现唐代地宫文物。佛塔基址下的地宫石门两侧是一对威武的浮雕力士。考古发现石函，供养人题名有武则天时期安西都护田杨名，可推知石函是 700 年左右武周时期遗物。石函与陕西法门寺地宫石函类似，一层层打开，一次次惊叹：损坏的木椁里是鎏金铜棺。铜棺被打开后，里面是一个精致的银棺，上系丝绸，颜色仍然鲜亮，表面无锈。打开银棺后，是小巧夺目的金棺，表面雕刻与铜棺、银棺相同纹饰，也系着丝带，里面珍藏的是佛舍利。如今地宫表面按考古原状保存，上面建起高大仿唐木塔建筑，供人参观。

店头村紫竹林寺

龙泉寺后院平台上是建于明嘉靖十七年（1538）并列的三座建筑，分别供奉观音菩萨、文殊菩萨、普贤菩萨。观音阁居中，两侧是文殊殿、普贤殿。最精巧的是观音阁，八角攒尖顶，黄色雕花琉璃脊饰，绿琉璃瓦剪边。观音阁内是立体彩塑的世界：正面居中是坐骑上优雅的观音菩萨像，右腿自然下垂，左腿弯曲支在兽背上，左手搭在左腿上。阁中正面靠墙是释迦牟尼佛像，左右菩萨像，两侧天王护法像，四周是面朝观音的十八罗汉像。墙壁上悬塑大海波涛上的各路神仙像。彩塑保存完好，面容安详淡定，明代艺术中的悬塑彩塑既写实又超越真实，堪称艺术珍品。

风峪沟是晋中前往吕梁门径。据说百年前店头村兴旺，驿站、店铺众多。如今村民搬迁，老村废弃。这里的主要建筑是石窟，大部分一进院，少数二进院。有的石窟是二、三层结构。窑洞内还保留火灶台。店头全村如一座石头城堡。窑洞上下左右暗道密布，彼此连接串通。从居住条件来看，采光、通风都差强人意，谈不上舒适。最初的设计或许将军事与民用功能结合，侧重军事。一处二层窑洞围合的院落是小巧玲珑的紫竹林寺，钟鼓楼、观音堂、释迦殿和地藏殿簇拥一起。

蒙山大佛

太原西山地区现存最大佛教造像非蒙山大佛莫属。蒙山大佛是开化寺后山巨型摩崖造像。自北齐高洋开始，瞻礼大佛的帝王名单相当显赫：唐高祖李渊、唐高宗李治和武则天夫妇、后唐开创者李克用、后汉皇帝刘知远。和龙山童子寺大佛一

修复后的蒙山大佛

样，蒙山大佛也在岁月沧桑中消失了。幸运的是，前些年大佛旧址被有识之士发现，在文物部门支持下，大佛佛头"再生"，重回到以山为体的佛身上，2008年大佛得以"再现"。现在的大佛通高40米，新佛头高10米，采用了新型材料，外形参考了晋源附近花塔村出土的北齐佛头。

大佛端坐在弧形山谷内侧，佛身在山崖上开凿，远观整修后的大佛十分威严，新佛头还算和谐。从两侧台阶来到佛脚下，可见石壁有若干小窟痕迹。佛身经过加固已经清晰。站在大佛面前，个人显得十分渺小。人们在整修时，在大佛周围发现建筑基址残迹。极盛时，大佛前也有巨大楼阁，是天龙山漫山阁规模的数倍。

开化寺建筑已无存，尚存新建仿唐铁佛殿里的铁佛和建于北宋淳化元年（990）的连理塔。铁佛殿内有隋唐时期的铁制一佛二弟子像，释迦佛高2.6米，重4.2吨，中空分段浇筑而成，是中古冶炼技术、铸造技术实证。

连理塔坐西朝东，双塔间隔1.7米，总高11米，塔基相连。两塔都是砖构方形楼阁式单层塔，边长3.3米，由塔座、塔身、塔顶3部分组成。南塔"化身佛舍利塔"，北塔"定光佛舍利塔"，一面是火焰门，其他三面各开假门假窗，假门为半开门形式，直棂假窗，上部叠涩挑出塔檐0.5米，高达1米，塔顶层层内收，塔刹呈八角形亭台式样，是从唐到宋的过渡手法。在连理塔狭窄内壁上还有残存壁画。

东方山水之间

通往井陉之路

娘子关

太行八陉中沟通晋冀之间最便捷的是井陉。阳泉山区的桃河和温河汇合后称绵河，穿过太行山地。汇合之地附近的娘子关号称山西东大门，再向东即是井陉。现在的天险已被石太高速和动车取代，当年为了寻找过往险途中的一些感觉，我走旧道去，在山谷里颠簸了2个小时，才抵达娘子关下。

河谷、公路、铁路在关前交织。娘子关城建在一块大岩石上，一边是山崖，一边是河谷，很容易让人想起"一夫当关，万夫莫开"的古语。关前是一条四五米宽，坑洼不平的上坡石子路，这就是关前古道。拱券门洞石匾上书"京畿藩屏"四字。关楼上挂"天下第九关"匾。娘子关西关城是明嘉靖年间在前代基础上重建的。当时边患频仍，娘子关成为内长城防御纵深上的重要结点。

娘子关本名苇泽关，取自这里独特的地貌：峡谷两侧有沼泽和泉水，水流潺潺汇入河道。关城南面的五龙泉就是一处大泉眼。娘子关一名的由来有两个传说。一是，春秋时介子推妹妹死后，后人在此建

娘子关关城扼守在峡谷最窄处

娘子关东门的斑驳墙壁

妒女祠。凡身穿艳丽华服的女人经过妒女祠时，就会电闪雷鸣，神灵嫉妒大发，关口由此得名。二是，唐平阳公主在反隋战争中，率女子组成的军队——娘子军在此镇守，因而得名。妒女祠已毁，有唐碑现存太原纯阳宫碑廊。

关墙经过整修，重檐关楼为重建，从城内登楼，楼前石柱上楹联道："雄关百二谁为最，要路三千此并名。""楼头古戍楼边寨，城外青山城下河。"石太铁路、太原—石家庄公路、绵河河谷，如三条长龙在关城边通过，娘子关正扼守在交通动脉处。楼下院里存清代驻军修庙碑。

关城内地势所限，老宅占地都很有限，路中有棵老槐树，据说是唐槐。继续前行就到东关。关城上无楼阁。与西关不同，东关墙体多处砖石不存，有很多破损面，是现代被破坏所致。娘子关没有高耸入云的外表，但确是险要之地，古人在这一带山区建起长城防御体系。如今，长城已失去军事作用。

上、下董寨

临近娘子关的温河峡谷里有一对古村，上、下董寨。

古代平定通向河北井陉，主要是利用温河和桃河峡谷地带。巨城以东，温河下切形成悬崖深谷，极其险峻。清光绪《平定州志》称："车不能行，骑不可并，一卒当道，万军莫入。"隋代在此险地开凿道路，号称岩崖古道。

董寨之名来自三国人物董卓。董卓入洛阳前担任并州牧，曾在峡谷制高点上设置军事设施，这就是明清俗称的董卓垒。早在《魏书》卷106上《地形志上》"并州乐平郡石艾县"记载这里有："井陉关、苇泽关、董卓城、妒女泉及祠。"可见，至少在北朝时，董卓所建军事工事已是当地的文化景观。

董寨的位置是峡谷里较开阔的一段，北面是层峦群山，山头上可断续看到些董卓垒残迹，南侧是温河峡谷。受制于地形，上、下董寨村落格局呈东西向，进村即可看到岩崖古道。

上董寨村保存了一批古宅。村西王家大院，按地势建筑分上、下层。下层青石窑饲养、安置家畜，上层是王家三兄弟住宅。三院落分别开门，内部连通。院内

建筑为精致砖窑。董寨民居多就地取材，砌墙石料很多是不规则自然形状，屋顶多用片石。

　　上董寨村内制高点是一处高8米的山岗，上有古寺，寺内一株遒劲古柏，枝繁叶茂，这就是下寿圣寺。这个小山头上最初可能是一处天赐的军事哨所。限于地形，古寺四周有围墙，外面是悬崖，仅有一门开在西侧。寺内南殿是观音殿，北

上董寨村下寿圣寺所在高岗是村中制高点

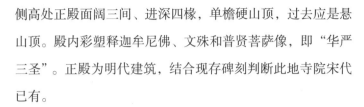

侧高处正殿面阔三间、进深四椽，单檐硬山顶，过去应是悬山顶。殿内彩塑释迦牟尼佛、文殊和普贤菩萨像，即"华严三圣"。正殿为明代建筑，结合现存碑刻判断此地寺院宋代已有。

村内不远处北坡上有上寿圣寺。寺分上、下，可见寿圣寺旧时之盛。上寺分东、西两院，现存主要建筑在东院。南殿面阔三间，是明代建筑。

结合上、下两寺碑记记载，应是先有上寺，后规模扩大建下寺。村内寺庙还有全神庙、关帝庙、菩萨庙、龙天祠（龙王庙）、五道庙、八蜡庙（虫王庙）、山神庙等多处。上、下寿圣寺是现在村内最大古建。

村南部前街上老宅也不少。全神庙修缮一新，庙边有孩子们在青石板路上玩耍。

村东口是关帝庙和戏台，沿青石板路走不久就是下董寨。下董寨村最初建在温河北岸一片大青石上。东西走向是古道，南北两侧是民居，逐渐形成下董寨村。东西阁之间约400米长的青石板路就是正街。

西阁石匾上书"平安阁"，有明万历三十四年（1606）落款。西阁上有关帝庙。阁对面是一座老戏台。东阁上有观音庙。

和上董寨相比，下董寨的商贸意味更重些。现存房屋多是民居，大多曾是百年前的商号铺面。一大类铺面曾是客栈，接待赶牲口的送货人，吃住均可。商号里有经营日用百货的顺义成、德胜魁布匹皮货店、万和店等。民以食为天，粮食店有恒兴店、顺义号等。商号大都临街经营门市，后院用作居室或库房。街上最高大的是一个二层砖石建筑——下董寨业余俱乐部，是20世纪60年代初建筑，可见下董寨曾是相当繁华的山村。

下董寨村街上作坊有染坊、熟食店、南药铺等。商号之间穿插着民居小院，一般是窑洞三合院，讲究的有砖雕门楼，内有抱厦，院里多植石榴树。主街中部向北是村里的民间活动中心——灯栅栏广场。南部是戏台，北部是全神庙和董家祠堂。下董寨全神庙本是大王庙和圣母庙，后二庙合祭。全神庙依山就势，南侧是山门和钟鼓楼。

下董寨村每年正月十六前后社火活动中的跑马排已远近闻名。跑马排看起来很简单：村中壮汉扮演古代驿站信使角色，纵马在古街上飞奔而过，往返数

下董寨村内民居

次。但稍微观察，骑马者不仅披挂上古代信使服饰，更关键的是，选用的均是没有马镫和马鞍的马。目前已知最早具有使用功能的马镫出现于十六国时期。东汉末年军事用途的马镫应还没有出现，以后马镫功能逐渐完善，并迅速推广使用。跑马排对骑马的要求，让我隐约感到些中古文化的痕迹。

跑马排间歇，各类社火活动在老街广场上举行，各类古代戏剧人物扮相的村民"招摇过市"。中午是社火活动高潮，武术表演最热闹。晚间五彩焰火照亮古村，映红每个人的笑脸。社火活动由德高望重的老人们推选出的"灯官"负责组织和筹划。

高山、幽谷、古道、古村，祖先在这里生活至今，何止千年。文明在上、下董寨延续，我们在这里穿行，记得慢慢走过的石板街，记得穿过历史的自己。

城中古村大阳泉

阳泉，本名漾泉。这一带土地平坦，多有泉水出露，称漾泉，后来传为阳泉。村子日益兴旺，分大、小阳泉，现在大阳泉村基本保持传统格局。

明清之际山西名人傅山对阳泉山川十分称道，如《阳泉春晓》中写道："磅礴横肱醉笔仙，一丘一壑画家禅。"

时过境迁，现在的大阳泉村已成了高楼大厦笼罩下的城中村。大阳泉还有大片民宅、街巷、寺庙，自然生长的村落肌理还在。新城和老村能共存，在当下是值得庆幸的。

大阳泉村主街是东西走向，街两头各有一座过街楼。东阁楼东面为真武阁，供奉玄天大帝，西面为观音阁，供奉观音。

大阳泉村一隅

主街不宽，只容得了三四人同行，古村核心处是个不规则的十字路口。路口东北角的义学堂原是"魁盛号"东家自家弟子修学所，后来捐给村里办义学。这是个一进院，正房为三间石窑，院内有一棵明代种植的银杏树。现在的正房和厢房内展出村落简史和名人简介。

主街路北是广育祠山门，村民都习惯称这里为大庙，至少元代已有。山门两侧有钟鼓楼，正院内居中正殿为三开间硬山顶，前檐下有廊。东西厢房也是三开间硬山顶，清代风格。正殿供奉"禖神"，东面耳房里供奉吕祖和药王。广育祠山门对面是卷棚戏台嘻愉楼，分前后台。从嘻愉楼戏台东侧小巷南行拐个弯就是五龙宫。

五龙宫为一进院，山门两侧是钟鼓楼，和广育祠类似。院中原有井曰龙潭。正殿面阔五间，单檐硬山顶。彩塑七尊，中间是五龙圣母，东边是赤龙神嘉泽王、青龙神广仁王、白龙神义济王；西边是黑龙神灵泽王、黄龙神孚应王、"雨王"。

山门对面是遏云楼戏台，悬山顶，前出卷棚，精雕细刻，前后檐下雀替木雕

大阳泉村遏云楼戏台精湛木雕

尤为精致，二龙分居左右。戏台分前后场，"遏云楼"木匾是道光年间的原物。

五龙宫往东是当地大族张家宅院即张穆故居。张佩芳是清代平定的名人，其孙张穆（1805—1849）是历史学家，对蒙古史研究多有开创，《蒙古游牧记》为其力作。如今张宅七零八落，张穆故居多有改变，二进院内尚有正房五间，左右厢房六间。

回到广育祠继续向西，路边的三间街面房，是旧时"同心圆"茶馆。再向西走到西口，和东口一样，有一棵古槐如大力士在此护佑古村。

据测算，大阳泉村保护区占地 10.42 公顷，有 100 多处保存完好古院落，其中有"魁盛号""景元堂"等晋商堂号，有"大宁堂""致和成""广泰昌""永庆成""天合成"等商铺旧址，有清代历史学家张穆故居，有广育祠、五龙宫等一批古庙，人祖、龙王、观音庙会在延续。

小河村故事

桃河穿阳泉市区东去，南岸边的小河村是民国才女石评梅故里。

小河村民居中最大的是石评梅祖居石家大院，依山势而建，保存下来上万平方米，内分三大院落。各院都有内外二进院，院落之间有垂花门。大院最上层的部分是祭祖堂。三开间正房，左右耳房，在这里可以俯瞰大院全景，村落尽收眼底，视野最佳，是赏月佳处。北侧假山通向花园。花园里有水池、假山、小桥、二层楼阁，袖珍关帝殿，既吸取了南方园林特点，又有山居大宅底蕴。

三大院落里靠下的是含清堂，现大部作为石评梅纪念馆和起居室展出。靠上的院落是三元堂和明远堂，房屋多为拱券窑洞。明远堂内还有村民在老宅里生活。

小河村还有多处宅院、寺庙、公建，都保存得相对完好。来到东面山坡上的崇德堂，民居宅院高大，格局完好，正房前出抱厦，只个别房屋被改建为现在式样。夕阳里一位大娘在收晾晒的被褥，能住在这样的老宅里，真是幸福。

小河村古建格局最大的是明代后期所建关帝庙，建在村口西侧山坡上。庙前

小河村石家大院保存完好的古宅院

戏台很是精致，悬山顶加卷棚，木雕砖雕繁复。关帝庙前院有端门、钟鼓楼、精舍，过门无梁殿，石阶上的上院正殿面阔三间歇山顶，为武圣殿，左右厢房里供奉文昌帝君、虫王。无梁殿供奉日、月神，左配殿有文财神、利市仙官，右配殿有药王和瘟神。关帝庙高大钟鼓楼一侧角落里小殿为石勒庙。当地传说西晋末年石勒在此驻军曾为居民除去河中的巨蛙，民众感激他，所以建庙为念。

　　小河村的名字在全国何止千百。此小河村因才女石评梅而闻名。如今，石家院落尚好，村内还可见原生态生活场景。走在依山就势的院落之间，心里很是愉悦，宁静的小村亲切可人。

绝美冠山

平定州，号文献名邦。冠山之盛，一地文脉之所系。山不在高，有文亦可有灵。晨雾中的崇古冠山书院，呈现访古探幽之完美意境。罕见的夫子洞儒家石窟保存完好，寻到密林中的先人摩崖墨宝，字字珠玑。意外的幸福如此美妙。

冠山，平定县西南方向一座外表并不突出的小山。据记载，这里的文化传统始于北宋末年的冠山精舍。此后历代地方文人不断来此兴建学院，逐渐蔚为大观。其中贡献最多的是元代吕思诚和明代乔宇。吕思诚历任国史院检阅官、翰林院编修、中书左丞和监察御史并参与编修辽、金、宋三史，乔宇历任礼、兵、吏三部尚书和太常寺卿。历代前往冠山的名人中更有元好问、傅山这样的三晋名士、学者。

冠山幽静，儒释道三教各自相安，文教事业悠久。

资福古寺

秋日清晨，大雾弥漫，郁郁山林更为缥缈。走在雾气里，豁然看到一座修葺齐整的古寺——资福寺。寺门口有一棵古槐，传说为金大定年间所植。

山门外的戏台为卷棚顶，分前后台，左右加廊。明柱上楹联很有气魄："传五万里人情多少奇观廿二史，绘四千年物色分明俗说十三经。"

主殿大雄宝殿为台基上五开间硬山顶建筑，左右是钟鼓楼、罗汉殿、地藏殿。现存建筑为清代建筑，但资福寺的历史要早得多，估计金代已有。院内有元明清碑刻，记录历代修缮之事。山门后墙处有几件残石，其中一件是为逝去父母祈福的经幢残件，年款为金大定十一年（1171）。

出寺，沿路向上到瓢饮亭，有傅山"丰周瓢饮"篆书摩崖石刻。四字有两种释义。其一，"丰周"指西周都城由歧迁至丰；"瓢饮"出《论语》，"一箪食，一瓢饮"。其二，比喻源头之水虽小，但终将汇成大河。

沿北侧石阶而上，遇汉白玉石坊——"科名坊"。四柱三门，额书"文献名

傅山"丰周瓢饮"篆书摩崖石刻

邦",也称"文献名邦坊",有联:"科名焜耀无双地,冠盖衡繁第一州。"此为1988年按原样新立。

崇古书院

沿石阶再上,看到第二座汉白玉石坊,额"欣饮南风",联"冠群峰潇洒,麓屋书声不息;山谷士隐修,松涛漱石长鸣。"

牌坊边是左丞石庵,在崇古书院北侧墙外。三砂质巨石横卧,其中最大者内凿石室,传为吕思诚读书之地。石上有白岩山人乔宇刻"左丞石庵"四字。巨石西侧有傅山之子傅眉《五律·陂陀石》一首:"但是陂陀石,颓唐总可人。风霜容磊落,烟雨渗精神。不肯孤花压,谁能乱木因?点头汝信我,各各会其真。"

古人在冠山上兴建过几处书院,现只有崇古冠山书院大体保存下来。清嘉庆十一年(1806)平定人孙裕集资重建,现正窑内有孙裕亲书《书院留赠石碣》。

冠山夫子洞

这是个二进院落，院内正面月台上有五孔石窑，单檐硬山顶，居中一明两暗是"崇古洞"。月台下北窑额书"新德"，南窑额书"广业"。据不完全统计，元代以来，平定州科举中进士 131 人、举人 680 人、各类贡生 785 人，以书院为代表的古代教育贡献极大。

院内存明清石刻多件，以乔宇诗碑《雪中访左丞吕公书院旧址》最有名。南窑内现存历代石刻，有 16 方《玄秘塔五言词句》和《齐故三堆镇副王君墓志铭》。

出书院登石阶，遇第三座牌坊，额书"登瀛"，内书"云山一览"。大雾中登山别有一番朦胧山林的魅力。云山一览四字真是太应景。沿阶再上是上下二层砖石楼阁，下为吕祖洞，上为文昌阁。儒道合一的建筑也较罕见。

夫子洞

上行不远是一片茂盛丛林，是明嘉靖年间"高岭书院"遗址。如今只存夫子洞和字纸洞。

夫子洞由砖石围成院落。洞前石坊上刻有对联："于此寻孔颜乐处，超然得山水真机。"夫子洞坐北朝南，是巨石上开凿的洞窟。洞内居中是孔子像，左右是弟子颜回和曾参。造像保存尚好，面相饱满，衣饰线条流畅，是罕见的儒家石窟。夫子洞成于明嘉靖五年（1526）。洞壁有乔宇撰文《新修夫子洞记》。小院内一石上开一穴，旁刻"砚池"二字，院西的一立石上则刻一"墨"字。院东石墙上刻有"云中坐论"，又有"上书院"三字。

林间有明清以来十几处摩崖石刻，为历代文人墨客访问书院之作。其中不乏书法精品，如英雄进步、云根、仰止圣真、心目豁然等。山顶旧时有泉水汇成水池，在此饮茶读书，文人雅事之极。大雾，林中时隐时现巨石上的石刻题字。少有人至，树下枯枝败叶好似一层松软的毯子，走上去沙沙作响，沾在衣服上的露水自是不少。置身晨雾中的冠山之巅，在密林中寻觅先人摩崖墨宝，这份意外的幸福实在难忘。

冠山摩崖石刻

下山路过仰止亭，旁边巨石上书"第一石"三字。回到资福寺山门，大雾已散，寺僧在打扫院子。

揽胜藏山

《赵氏孤儿》故事早已家喻户晓。曾有说法盂县藏山是赵氏孤儿故事的发生地。《史记》中关于这一事件的不同记载多有矛盾。因史料局限，即使确有此事，也难以证明就在此处。

不谈史实，只看地形，藏山之地的确是风景佳境。从县城北上，公路两侧山体逐渐巍峨起来，山间有一条幽谷，旁边的村子就是藏山村。藏山山根下一片古建群就是藏山祠。

藏山祠进门处楼阁上石匾书"藏山"，明万历二十九年（1601）落款。山崖边立一石照壁，正中为二龙戏珠壁心，四周祥云环绕。照壁对面是木牌坊，四柱三楼歇山顶，柱下夹柱石上前后雕石狮。牌坊上匾书"藏孤胜境"，牌坊和照壁都是明建清修。

牌坊北是藏山祠正门，面阔三间，歇山顶。进门后就走进了戏台，这里是山门和戏台勾连搭形式，戏台也是面阔三间，卷棚顶。山门两侧有掖门出入。戏台左右斜对着钟鼓楼。第一进院主体建筑是台基上的正殿，面阔五间，单檐歇

历代修缮终成藏山祠当下格局

山顶，正脊饰琉璃。殿内居中供奉赵武，左右是程婴和公孙杵臼像及武士像，塑像都是新作。两侧山墙上是反映《赵氏孤儿》故事情节的多幅连环画。

正殿后再上是二进院，前后开敞的卷棚献厅后是寝宫。寝宫边保存迄今藏山现场最早石刻——金大定十二年（1172）《神泉里藏山神庙记》。约1000字的碑文概括《史记·赵世家》赵氏孤儿故事内容，认为此地就是发生地，并且把祭祀藏山神和祈雨活动密切联系在一起。立碑人是金代盂县县令、主簿、县尉等人。碑文记录了金代两次修缮过程。当时的庙可能只是单体建筑。主神是程婴，赵武是旁边的侍者。献厅内有元至大三年（1310）《重修神泉里藏山神庙记》，记载附近村民募集资金请画工等进山施工的事。

藏山历代碑刻不下百数。不乏元代吕思诚、明代乔宇等名人碑刻。其中吕思诚对赵氏孤儿的史料来源提出了质疑。

寝宫面阔三间，有天花板，当心间设藻井。平面方形。柱头斗拱为最简单的一斗三升形式，无补间斗拱。整体上寝宫（报恩祠）建筑为明清风格。寝宫一半在山崖下，殿后就是山崖。崖上有一天然小洞穴即所谓藏孤洞。旁边一小洞叫捞儿洞，是地方百姓求子处。

昔阳宋金文化博物馆

这座小而精的主题博物馆地下一层，地上二层，展览分三部分。地下部分展出主体就是八座按照原有形制保存的墓室。墓室形制均为覆斗顶，内部仿木构，部分墓内绘有壁画。

最有特色的是自壖堖山搬迁来的1号墓。此墓为平面八角仿木砖雕墓，坐北朝南，分前、后室，穹窿顶或覆斗顶。墓底东西对称铺设两个棺床，共有三人尸骨，应为一夫二妻。2号墓仿木构形制柱头单抄四铺作，无补间，拱眼壁位置绘朱雀、玄武、青龙、白虎四瑞兽，柱间有阑额，普拍枋较薄。彩绘、壁画制作精细。内壁八面，四面置仿木假门、假窗。其他四面壁画主题为庖厨图、饮宴图、放牧图、散乐图，均为宋金墓室壁画的典型题材。墓葬东北壁是墓主人家族对坐宴饮图景。画面中部是铺有帷幔的方桌，盘内有包子、馒头、石榴等。方桌左侧自北向南绘三男性，均袖手坐在木椅上，其背后有一侍童持酒壶。方桌右侧二女性端坐，一女侍双手捧盆。方桌后为花几，上置瓶花。西北壁庖厨图，蒸包子场景写实逼真。西南壁放牧图，东南壁绘杂剧、鼓乐等。此主题图放大复制悬挂于一层的墙壁上，方便观察。

博物馆的第二部分是石刻造像，展出昔阳县文物部门多年来考古发掘和收集的宋金文物，如修渠碑记、敕牒碑记、墓碑、墓幢、石像生、匾额、墓志等。昔阳县金代状元、著名文臣杨云翼的墓志铭、墓地清代匾额均有展出。

博物馆第三部分是文物精华展。宋金墓地出土器物以日用器物为主，对了解当时社会生活颇有价值，也不乏精品，如整套茶具、白釉瓷枕、黑釉油滴盏、蓝釉三足炉、金代铜官印等。

博物馆复制壁画墓局部

以出土墓葬原地保护为基础建设的昔阳宋金文化博物馆，为保存传承地方文化遗产做出了实在的贡献。这类专题博物馆在县域内落成，是推进文化遗产保护传播的好事。

夏州古村

每个山西古村都蕴藏着众多历史故事。发现一处古院落，查到一条史料，都是为丰富古村记忆添砖加瓦的过程。寿阳县宗艾镇下州村，本名夏州，是一座有1500年历史的古村。夏州古村文化，就在我们考察思考的点滴之间逐渐汇聚。

下州村在南北两山之间小盆地中的高台之上。四周是沃野和群山，很有田园牧歌的景致。环村有堡墙保护。村东旧有小河，河中有五口泉水，名为洗心泉。近年来泉池再见天日，为古村一景，只是水源已竭。

清时村中有聂、闫两大家族，是远近闻名的晋商世家。目前古宅院中以聂家古民居为主，保存较好的有三院。其中最东侧的聂家院相对完整。砖雕门

下州村聂氏民居"寿"字砖雕

楼保存完好，仿木构歇山顶，阑额上有福寿寓意的竹、桃、象、葡萄、葫芦等造型砖雕，下有垂花砖雕，下开圆拱门，门上石匾，左右外墙上有寿字砖雕。

前檐下挂石匾书"纳福林"三字，道光二十四年（1844）立。内侧形制雷同，

挂匾额书"崇善德"三字。道光甲辰，即道光二十四年。匾额书者是清中期寿阳名人，号称三代帝师的祁寯藻，其书法作品在山西各地都有留存。

门楼内是东西向夹道，地上的石板路两道车辙印承载着几百年来的往事。北侧是正院、偏院、长工院，石板路西尽头是私塾院，南侧是花园。现在偏院的后院二层楼尚存。

私塾院的格局保存最好，分南北两小院。北院小门楼，正面匾额书"春华秋实"，北面书"古训是式"，体现聂家家族教育的期许。正房内悬挂聂家族谱世系。小院南侧存一残碑记述清同治二年（1863）前后，村民集资修缮栅门，即环村堡防卫设施的事。主事者为聂家。其中提到捐资逐铺，即是向村内各商铺募资。现在残存村堡墙应和这次修缮有关。

识读碑文时，巧遇回乡上坟的聂家后人，一番叙谈，十分欣喜。

聂家第二院是聂廷壁院，现存三进院，相对格局完好。一院门前有高大照壁，

下州村聂尔院门外街巷面貌

门前抱厦为一间完整的歇山顶亭子间。一院内厢房改造，正房为厅房，也前设高大的卷棚抱厦，保存完好。20世纪这个地方是村供销社，现在转为私人所有，还是商店。

聂家第三院是聂尔院，门匾上书"庆三多"三字。是内外两进院，另外西侧有一场院。局部已改，大体未动，为清末格局。

下州村旧时商业繁华，村中存一倒座戏台，面阔五间硬山顶，前接三开间卷棚顶抱厦，为清代建筑。戏台是历史上村人休闲娱乐，讨论公共事务的所在地。

云竹湖边古刹丛林

榆社云竹湖本为云簇水库。这一水域周围是连绵的低山丘陵地带，风景优美，自古就是农牧兼作地区。时不时会在山林间看到牛羊成群越过山谷的景象。水边不远处尚有早期古建瑰宝，为山川增添了人文气息。

福祥寺

来到水边的岩良村，看到古建的飞檐，那就是福祥寺。水库蓄水后成了近在水边的古刹，寺外是村人的梨园，每到春天，梨花盛放，风景更为雅致。

古寺可能北朝时已有，现存一进院，中

福祥寺正殿

轴线上是南殿和大雄宝殿。左右的阎王殿、伽蓝殿、关帝殿等均已被毁。通过几年前修缮，南殿和大雄宝殿得到恢复，新建围墙。寺内原有多棵古松，现只剩一棵孤独地矗立着。

南殿面阔三间，当心间开板门，两次间实墙，有补间斗拱，当心间出斜拱，单檐悬山顶。南殿的柱头卷杀明显，用材粗大，内部梁架简单大气，后代修缮未有大改。

北面是正殿，面阔五间，中间三间置板门，左右次间为木格窗，下为砖石，单檐悬山顶。有隐刻拱，补间均有斗拱。

殿内前槽下贯通三开间的枋木上有元至元二十年（1283）题记，用材很大。

殿内采用减柱法，后槽只有当心间两侧有两根金柱。殿内地面有残存龟趺和巨大柱础。寺内侥幸保存的几尊造像被埋入地下。十几年前寺内施工出土中古时期造像残件几十件，大多是佛头和佛身，如今大多在县博物馆保存。

左右山墙壁画依稀可见，壁画采取墨线方格形式，每格内一幅故事画，左下角上是供养人题记。

崇圣寺

从岩良村西行，水库西北方向有一条沟谷，水源丰沛，树木葱茏，风景甚佳，山洼里是古刹崇圣寺。

谷里的仙人桥是一单孔石桥，桥东侧有座白龙庙，清代硬山顶，庙前的六角水池曾是泉水出处，现已干涸。池中有一棵长势良好的高大古柿树，当地称为"君迁子"。

崇圣寺是建在山坡上的上下两院。沿石台阶进入古建集中的上院。上院南侧是北面开门的天王殿，面阔三间，进深六椽，单檐悬山顶，为明清时期建筑。天王殿前立《大金沁州武乡县禅隐山崇圣寺十方禅会记》，为金大定二十七年（1187）立，记录崇圣寺金代修缮和当时僧团情况。碑的另一侧记录的是元代寺产内容。

院内北面是主殿大雄宝殿，面阔三间，进深六椽，平面长方形，单檐歇山顶。

崇圣寺大雄宝殿前檐下铺作层

大殿始建于唐，宋毁金建，元重修，大殿前后檐铺作形式相同，每间都各补一朵斗拱。殿内梁架有"大元国岁次至正己丑（1349）"题记和修缮工程功德主名录。

殿前院内一高大笔直的古松如伞盖，也称伞松。

寺外还残存几座古塔。其中高的一座砖塔为八角五层明正德十二年（1517）第十九代长老顺公灵塔。砖塔东侧两座元代单层小石塔，形制基本相同。除顶部残损外，塔身完好，塔身上都有铭文，其中一座"主持第十代普恩大师寿公灵塔"，为元至正十年（1350）立。

另一座"清净广惠大师溪镜公寿塔"，八角形，有两层仰莲须弥座。荣禄大夫陕西诸道行御史中丞张宴题，年款"大元国元统三年（1335）五月二十一日"。须弥座间束腰部分的牡丹和莲花浮雕图案纹路还相当清晰，刻工流畅。可惜近年不存。

吕梁山上下

碛口石窟

　　碛口陈家是当地最出名的商人，他们最大的一处商号是裕后泉。正房、厢房、下房共有四十眼窑洞，号称"四十眼窑院"，当年是陈懋勇的粮栈，自制白酒贩卖到西北。现在院落已被分割为几个部分，住着十几户人家。

　　碛口的街巷和房子都在卧虎山下，院落沿山坡逐层向上直到山腰处的黑龙庙。有13条小巷与主街相连。要冲巷在锦荣店和荣光店之间，巷口有座石拱门，这在碛口各村巷子里会经常遇到，有的起过街楼作用，有的则建成一座小石头房。

　　黑龙庙山门的对联写道"物阜民熙小都会，河声岳色大文章"，对碛口的描述十分到位。庙内正殿内供龙王和风伯、河伯。据庙内碑刻记载，民国初年碛口商号有300多家，码头上往来船只每天有150艘。那时的碛口是十分红火的商贾云集之地。正殿对面是倒座戏楼，东西两厢下层石窑洞，上层看台。黑龙庙视野开阔，是俯瞰河谷里的险滩激流最佳处，脚下是古镇错落的烟火气。

　　百年前碛口商贸繁华一时，最大商家陈家事业颇大，他们在碛口

碛口水陆转运码头

商业家族陈家住宅

经营，住处则在几里之外的西湾村。村子三面环山，南面是湫水河，村子在山水之间，一定程度上北山减弱了寒风，而且亲近水源，适宜居住。西湾村外有城堡式的墙体护卫，只留一门确保村寨安全，现在外墙基本成为遗迹。村里有五条南北巷子，巷口都有石拱门。院门大多比较普通，内部一般是石窑洞围合的开阔空间。比较显眼的一处院落有层叠的4层窑洞。院落之间大多有小门可通，既方便山居，人们不必绕路，也有安全方面的考虑。门楣上的匾额上书明经第、恩进士、岁进士、桂郁兰芳等，体现了主人的学识、地位和生活情趣。

北武当山

方山县北武当山上的道教建筑据说唐代已有。明代万历时进行大规模修缮，定名北武当，此后历代多有增建，当地人称北武当主峰为真武山。

北武当山连绵的茂密山林中，一座花岗岩山体赫然而立。如今公路延伸到山脚下的万神殿。从这里开始，沿山脊曲折而上，直达金顶。

石阶陡峭，山崖上稍有些平地也十分有限，古人还见缝插针般地建起多座一开间砖石房的小庙。在路上从下而上依次会遇到灵官庙、龙虎殿、王继贤庙、火神庙、三官殿、玉皇殿、山神土地殿、财神殿等。其中王继贤庙是为纪念清中期永宁州知州王继贤而建。

山脊上可以看到风化的岩层，层叠相加，晋城王莽岭上也有类似的景观。三官殿旁是明万历年间的三间四柱石牌坊，南面书"朝圣"，北面书"玄天"。再向上是顶峰处的玄天真武大殿，三开间歇山顶。建筑和塑像都是20年来复建的。站在海拔近1500米的金顶四望，云海、松涛、山脉相连，森林一眼看不到尽头，视野开阔。

从北武当下山，必过来堡村。清代康熙年间这个村出了一位被康熙誉为"天下廉吏第一"的清官于成龙。在他20多年仕途中，不管是在偏僻小县还是位居封疆大吏，于成龙始终保持了两袖清风的清廉本色，同时积极而为，将地方治理得井井有条。

北武当山一带山势险峻

左国城

北川河是方山的母亲河，这条曾经水势澎湃的河流，滋润了吕梁山深处的山地丘陵，宜耕宜牧。河流左岸有一大村名南村。村子东北部陡崖上，断续低矮的夯土墙体遗存还很清晰，那是被人们遗忘，内迁南匈奴在内地最后的王庭——左国城。

东汉后期西河郡和单于庭从鄂尔多斯高原东迁到吕梁山区，南匈奴单于驻地单于庭即在左国城。这里之前很可能已有战国城邑、汉代皋狼县城基础。成为单于庭后，加筑城墙，形成内外城格局。或是出于防御需要，外城东部和北部出现多道平行外墙。这个文物点被称为南村遗址，时代自石器时代下至十六国，已是全国重点文物保护单位。

汉代城墙跨越现在主街东侧的丘陵，蜿蜒向南，至南侧山崖处。下面是界沟，沟内有水流汇入北川河。西晋时，城墙继续向东侧山顶延展，出现内、外两城，估计是两次向东扩充的结果。外城南侧某些地段还建起单独向外延展的引墙。城墙遗迹最高处在外城东南角，是俯瞰整个河谷的制高点。主墙和延展引墙交汇呈十字交叉状，海拔近 1200 米。匈奴都城左国城被废弃后，这里未出现过更大规模和更高等级的居住区。现存最外圈城墙内，即是南匈奴汉国都城左国城的遗址范围。

从东南制高点沿引墙而行，在看似内城的一城门处，残存夯土墙体依然高大，夯层明显。走在通向南侧山崖的联络墙上，感到非常宽阔，4 人并行也是可以的。这个宽度可比拟明清时期很多包砖城墙。在一处夯土剖面上，看到比较完整的汉魏绳纹陶片、板瓦残片。早年还曾发现青铜箭头等物。

我步行来到平坦的塬上，进入夯土墙内侧。夯土还断续可见，围起来好大一座山城！山城北面和东面是断崖，西面和南面是河谷。站在边缘处，正是俯瞰整个北川河的绝佳位置。汉晋时，河水丰沛湍急，左国城墙体下就是悬崖，下临河岸，那场景颇有气势。

魏晋时，南匈奴贵族以自己是匈奴单于后人，认为是汉朝"外甥"，从汉朝皇帝姓氏，改为刘姓。南匈奴单于近支估计

左国城

都改刘姓。

由 140 年南匈奴东迁，至 304 年南匈奴首领刘渊在此称汉王，这期间的 160 多年，左国城先是单于驻地，单于体制打破后，还是南匈奴五部心目中的中心。因此刘渊才回到左国城建都，团聚力量。

偏远的殿山寺

山西是金元戏曲艺术核心区，中国现存早期戏台几乎全在这里。晋南和晋东南地区的早期金元戏台为大家津津乐道，在吕梁深处还有一座号称现存体量最小的元代戏台。

从石楼县城向义牒方向出发，到张家河村附近，拐入东侧土路。在土路上颠簸多时，黄土丘陵地带没有明显地标，在山腰处看到铁栅栏中围挡着两棵大枣树，再绕个小弯，望见一块相对开阔的山间平地上的古建飞檐，后土圣母庙终于到了。

民间称此地为殿山寺。古庙附近无村落，这类情况的古庙多是由附近各村合祀。殿山寺围墙内现存一进院。山门内是戏台，左右钟鼓楼为新建。正殿和配殿均为窑洞。正殿是内部连通的三孔枕头窑。

台基上的小戏台进深和面阔都是一间，平面方形，单檐歇山顶，补间两朵斗拱，普拍枋和阑额均出头，三面砖墙，北面一面开敞。内部梁架结构简单，未设叠涩藻井。有元代建筑基础，后代多有修缮。据测量戏台平面只有 27 平方米，号称现存元代戏台中面积最小者。

院里有斑驳的醮盆和石灯各一座。据说灯柱上有元至正七年（1347）题记，石灯砂石质地，可能题记已风化。

正殿保存较好的彩塑与元代小戏台是圣母庙的精彩看点。

正殿是枕头窑形式，前出木构廊。殿内三尊圣母坐像形态雍容华贵，居中坐像上书"后土圣母"，居东者书"豆生娘娘"，居西者书"护佑我子孙"。每尊圣母像旁各有左右女官和侍从像。东西两山墙下各有一娘娘坐像、一女官立像。三尊

后土圣母庙戏台

后土圣母庙正殿内后土圣母像

圣母像之间有蟠龙柱分隔，圣母像有华丽背光，其上可见牡丹花卉装饰。圣母像背后墙壁上有两层悬塑，多为象征多子多福的男童形象，展示儿童玩耍和成长过程。圣母像上部悬塑出天宫楼阁，有乐队、有仙人，及戏曲表演场面，很是热闹。殿山寺每年都有规模盛大的庙会。壁上有清康熙年间重修殿宇题记，这组充满民间特色悬塑或是当时作品。

文水女英雄

吕梁山东麓大道从太原向西南行，途经清源、交城、文水、汾阳、孝义等地达汾河下游。文水县的闻名，离不开历史上两位女英雄——古代的武则天，现代的刘胡兰。

在唐代，文水可能已出现祭祀武则天的庙宇，此后历代均有修缮。有一座则天庙留存至今，在文水县城以北的南徐村里。

从仿古山门进入，两侧是干涸的池塘，再向前，大门外两侧一对气宇轩昂的石狮，比常见的门狮要威武得多，却面朝大门。这可能是山西目前已发现的最大体量石狮。

2013 年，南徐村村民在村西山脚下挖砂，在 13 米深的砂坑中发现一对巨大石狮，于是文物部门将它们运到则天庙门前安放。这一对唐代雌雄石狮，原来应该在武士䕶陵墓东门入口两侧。

两尊蹲狮的底座高 1.7 米，净高 3.2 米，总高近 5 米，重数吨，青石雕成，底座上的花卉、神鸟线刻依然清晰。双狮昂首挺胸，巨头披鬃，瞠目张口，半蹲坐，前肢伸直，威风凛凛，霸气十足。

则天庙大门兼倒座戏台，左右是钟鼓楼。戏台是清代形制，三开间卷棚顶。舞台后台墙壁上有清代后期到民国初期的戏班多条演出题记。题记中可见当时有来自汾河两岸的汾阳、祁县、太谷、平遥、清源、文水、介休、孝义八地至少 34 个戏剧团体，演出剧目最少 71 个，这些题记对地方戏剧史研究很有价值。

安放在则天庙内的唐代蹲狮

院北面就是正殿——则天圣母殿。远观，台基上的大殿颇有些唐风，面阔三间，进深六椽，单檐歇山顶，出檐较深远，无廊，普拍枋较薄，阑额不出头。柱头铺作为双下昂五铺作，昂嘴锐利。无补间斗拱，有隐刻拱。柱头卷杀，侧脚明显。当心间置板门，三门簪，左右次间是直棂窗。其他立面为墙体。门砧石上雕神兽。板门上刻"皇统五年四月日置"。

内部梁架采用金元时流行的减柱造，增加了实际使用空间，梁架用材规整。殿中一座精美的三开间小木作神龛，居中是武则天坐像。走马板上一条悬塑回首走龙，身形矫健。殿内山墙和北壁上是武则天生平内容的壁画，为新作。结合梁架结构及板门刻字金皇统五年（1145），现在一般认为则天庙大殿现状为金代建筑。碑廊里存有几十通历代石刻，其中有北宋经幢和游记石碣。

文水现代女英雄刘胡兰的故事早已传遍大江南北。如今的刘胡兰纪念馆扩建后更为宏大。在纪念馆东侧角落里尚存一处古迹，这就是刘胡兰受审的观音庙。是

则天庙正殿内神龛

观音庙正殿前檐下精美木雕

一座很不起眼的村里小庙。可能是因为当时面临大路的缘故，采取了坐南朝北的布局。

观音庙的山门和钟鼓楼并立，一进小院，左右三开间单坡顶厢房。正殿是三开间卷棚顶，柱头为单昂四铺作，左右两侧为一开间卷棚顶垛殿。正殿檐下是精华：耍头雕为龙头形，拱眼板上有木雕的鹿、喜鹊、凤凰，墀头砖雕主题是相向的一对瑞兽。柱头上有晋中少见晋北多见的兽面泥塑装饰。殿内佛像已无，墙壁上有些晚近时期的墨书壁画。

如果不是刘胡兰纪念馆在此，这座在山西普通的村庙可能早已不复存在。观音庙是女英雄刘胡兰舍生取义的见证者，把它修缮好和维护好是应有之义。由此，它也就不是一般意义上的村庙了。

"众神齐聚"太符观

上庙村中远近闻名的太符观部分建筑被毁，如今只存一进院。悬山顶三牌坊式样的大门比较少见。壁上嵌精美的"二龙戏珠"琉璃砖雕。与一般经幢上普遍刻《尊胜陀罗尼经》不同，门外的唐开元七年（719）经幢上刻《金刚经》，时代较早，颇为珍贵。应为佛寺遗物搬迁于此。

走进观内，居中台基上的正殿是出檐深远的"昊天玉皇上帝之殿"。正殿前月台上的一对铁狮气宇轩昂，原在汾阳城内的关帝庙。

台基上的正殿面阔三间，进深六椽，单檐歇山顶，琉璃瓦剪边。平面方形，当心间为板门，次间为直棂窗。当心间门框设四个门簪，门砧石上有向内回首的瑞兽。门钉一般为奇数，最多一排9个，这里的铸铁门钉却是一排10个。

大殿内塑像、壁画、悬塑俱全：当中木龛内居中为玉皇大帝坐像，左右侍臣四人立像，侍女二人立像。从创作手法上看，侍女像更为自然生动，接近人日常的妆容；值得关注的是，侍臣像均为左衽，有金时服饰风格；梁柱上四条威猛的盘龙悬塑护卫玉帝。东西山墙和后墙上是道教壁画《众神朝元图》，山墙壁画神明分上、中、下三列，每组神明均有榜题，为不同群体，执掌不同，他们大多朝向主尊，多达几百位。

正殿正立面外侧墙壁上嵌石碣《太符观创建醮坛记》，记载金承安五年（1200）兴建醮坛事。据此碣和现存结构等综合分析，可判断此殿为金代建筑。殿内塑像应为建殿同期作品，后代有重装。壁画应经明清以来维修，与东西配殿塑像和壁画同期。

一般古建中正房的开间数要多于配殿。太符观主殿是三开间单檐歇山顶，东配殿后土圣母殿和西配殿五岳殿却为五开间悬山顶。东配殿是后土圣母殿，现在建筑是明万历年间火灾后重建。殿前有廊。殿内供九尊后土圣母像，最有特色的是一尊怀抱婴儿喂奶的"圣母"像，民间称"奶母娘娘"。圣母怀抱吃奶的婴儿，双腿一脚点地，一腿微抬，双脚是典型的"三寸金莲"小脚。

太符观圣母殿怀抱吃奶婴儿的"圣母"像

圣母殿南北两壁上是圣母出巡和圣母回宫主题悬塑，人物众多，前后呼应，很是热闹。神龛后是以圣母宫中生活为主题壁画，有持琵琶、笙、笛等乐器正在演奏乐曲的女乐师，有拿着宝盒、典籍、食盒等物品的侍女。生活色彩浓郁，这类题材在明清道教壁画中比较常见，如汾阳田村圣母庙、霍州贾村娲皇庙里也有此类壁画。

西配殿五岳殿和圣母殿格局类似。五岳殿居中供奉五岳神，南北两侧是四渎神。五岳是五岳名山，"四渎"是古代江、河、淮、济四条大河。古代济水因黄河改道

五岳殿内悬塑

已不存。祭祀岳、渎的目的是祈求风调雨顺，将山神和河川神合祀比较少见。

　　五岳殿内南北山墙上是悬塑五岳巡幸和四渎出行图。神仙们乘轿坐辇，坐骑是麒麟和龙，还有随从仪仗，很是气派。几百年前手工的悬塑艺术品在墙壁上依旧熠熠生辉，不得不让人钦佩古代匠人的细腻工艺和创作精神。四根金柱上各有一条盘龙，是红、黄、黑、白四色。

　　太符观内的多件石刻文物，大多是搬迁保存到此的，历史价值颇高。三通造像碑，其中最有名的北齐天保三年（552）造像碑，被记为任敬志造像碑。因砂石质地，碑阳碑阴两面上的造像均已残损风化，题记大部分辨不清。其中多有相里姓氏者。附近的大相村和小相村就是因相里氏而得名。此造像碑，清代顾炎武和朱彝尊及民国时期王堉昌、梁思成、林徽因均曾有考察记录。

太符观里西南角原紫微阁不存，现复建。原有明代彩塑二十八星宿幸存，部分在山西博物院展出，是惟妙惟肖的一组明塑珍品。

太符观内涵深厚，古建、彩塑、壁画、金石、经幢、琉璃等历经沧桑的历史瑰宝汇聚于此，成为传统文化遗产的浓缩宝库。

看不尽的大宅门

榆次老城和后沟村

晋中市的行政管辖范围十分广袤，从汾河两岸到太行深山，汾河中游最著名的晋商大院都在其范围内。

榆次老城

经过前些年的整修和开发，榆次老城变身旅游景区。主街两侧建筑得到翻修。老城在榆次城区南边，进入步行街，就算进了"城"。东西大街的中心是过街楼，路北侧是县衙、文庙、城隍庙等公共建筑。其中有的是老建筑修复，有的是新仿古建筑。新旧杂糅，整体感觉还算协调。城隍庙是老城现存最主要的古代建筑群，创建于元顺帝至正二十二年（1362），明代重建重修，格局保存完整。城隍是古代城市守护神，护城安民，古城大多有城隍庙，算是古代城市标配。

步入威武的歇山顶山门，紧挨着高25米的四重檐二层楼——玄鉴楼，围廊环抱，飞檐翘角。玄鉴楼北侧是歇山顶的两层乐楼，紧靠乐楼北边是卷棚顶戏台，戏台中间是通道，平时人员进出，唱戏时将楼板放好就是完整的戏台。玄鉴楼、乐楼、戏台三者浑然一体，很是

威武的一组宏伟木构。戏台上挂"神听平和"匾。两旁八字墙上的明代琉璃影壁保存完好，麒麟色泽如新。

前院居中是城隍庙主殿显佑殿。殿内新做城隍和侍者鬼卒像，四壁壁画也是新的。东配殿是冥王殿，内供东岳大帝和十殿阎王，还有地狱情景雕塑；西配殿是元辰殿，供斗母和六十甲子神彩塑。

后院居中的寝殿是明初的城隍庙主殿，后迁到现在位置。西配殿是天缘宫，供月下老人。东配殿供三位元君。西侧跨院内是新修的财神殿。

城隍庙西侧是榆次县衙，县衙西侧是修复后的文庙，和县衙建筑一样高大威猛。文庙西侧是凤鸣书院，北部是新建的巨大水系和花园。

路南多是民用建筑。走进一处博物馆，是小园林旧址上修缮后的老院。房间和院里都是主人收集来的藏品。院中有水池和绿树。池边的百寿图影壁很精致。走

城隍庙戏台八字墙琉璃麒麟

廊内堆放着各类可爱的石狮。墙边空地上种着时令蔬菜,真是闹中取静,随处可耕,这是我见过最"自由散漫"的博物馆。

后沟村

榆次区东部丘陵间的后沟村是北方开发较早的古村落,因格局保存完整,生态环境依然如故,得到人们的颇多赞誉。

后沟村的知名,要感谢2001年冯骥才和常嗣新等一干爱心学者前往后沟考察。因其村落环境的完好,备受推崇。一个黄土高原上的普通小村,不到百户,几百口人,突然引起人们关注。后沟村逐渐成了旅游景区。

小村在一片山丘南侧的向阳坡地上,观音堂山门前是很好的观景台。观音堂为一进院,坐南朝北,山门上石匾书"南海洞天",道光七年(1827)题。和后沟其他古庙一样,观音堂始建时间无考,现状是明清时建筑。大殿面阔五间,硬山顶,供奉观音,左右次间供送子娘娘和财神;耳殿是大王祠和韦驮殿。彩塑和壁画大多是民间新作。后沟村里遍布公共建筑,村北小山顶上是真武庙、南侧山坡上是观音堂、东有文昌阁、西口是老爷庙、水边有龙王庙。村中是戏台和玉皇殿。古人选村址,必然要考虑山川形势和人类生存的对应关系,其中蕴含的合理性在后沟村也可以看到。龙门河从东北向西南流,河北土坡上是后沟村,坡两侧各有一道土梁,龙门河南岸塬上圆形的土崖,村民称蜘蛛山。两道土梁、蜘蛛山围合的范围内是村子,形成所谓"二龙戏珠"。50多个院落层叠分布在东西200米,南北100多米的坡上。后沟村海拔900多米,很多人称道它的地下排水系统,各家都有井水可用,地下排水系统从村东北和西北两个高处,穿村过院和各家各户,最终汇入龙门河。

硬山顶前加卷棚的戏台和三间硬山顶玉皇殿东西而立,这里是村子的活动中心。村内大姓是张姓,在村北部有复建的张家祠堂。村里有几处保存相对较好的老院,如半坡院、仪门院、将军院等。最有名的是东北角吊桥院,当年院主在土垄上挖出通道开出院门,同时在门外挖坑,安放进出子的吊桥。来到村北小山顶,豁

后沟村附近的黄土丘陵地貌

后沟村内的文昌阁

然开朗，蓝天下是晋中大地典型的黄土丘陵地貌。一条公路穿过黄土地，通向远方。我大口呼吸着清爽的空气，身影落在百米外的黄土陡崖上。

太谷老街

晋中是晋商大本营。清中期，他们在县城和家乡兴建各类店铺、豪华宅第。人们常说"金太谷，银祁县"。清末民初的太谷老街号称中国的华尔街，可见当年晋商的繁盛。

三多堂

太谷第一大户曹家宅第按福、禄、寿、喜四字构建，目前只有外形寿字的三多堂保存完整，被称为曹家大院。现在的三多堂面积稍小，但有大量展品可以观赏。

三多堂东门内是东西向通道，60多米长，尽头是西门，门上阁楼存放曹家先辈创业时的用具如扁担、推车等。通道南侧是戏台、客房、书房等活动场所。北侧则是三座相对独立又可以互通的院落，依次是多子、多福、多寿，建筑格式基本一致。三座院子的主楼后背砖墙高达17米，从外面看就是一座堡垒。地表进行了排水设计，地面向通道的一侧倾斜，再大的雨水也能很快排出。

曹家喜欢新鲜事物，山西历史上第一台发电机、第一辆汽车都出自曹家。曹家还喜欢收藏，三多堂现在所见物品，一部分是曹家原

三多堂的东门现在是出入口

物，另一部分是文物部门征集自晋中地区的藏品。博物馆现藏400多件明清家具、2000多件瓷器。来到多子院的正房会觉得眼熟，电视剧《亮剑》曾在这里取景拍摄。珍宝馆里有曹家镇宅之宝"金火车头钟"，据说是慈禧用来抵偿曹家报效朝廷的银两，将法国赠礼转送曹家。80多斤的钟由黄金、白银、水晶制成，上满发条，火车头就可启动。另一件宝贝是翡翠白菜，原物

金火车头钟

已流失。此外明代仇英临摹的《清明上河图》、翡翠羽毛镜、翡翠烧鸡等都是极品。绣楼院的陈设基本复原了旧时大户人家的房间布置。木家具中最有价值的是万寿大屏风。高3.8米，宽5米，重500公斤，花梨木质地，象牙包边，镶嵌大理石。100个异体寿字在屏风两面。屏风后背中是清道咸时山西名臣、书法家祁寯藻墨宝，记录两汉名言警句18条，金粉阴文，至今闪闪发光。

孔祥熙生活过的地方

太谷老街几乎每间门面房外墙都挂上了原是某某旧址的标牌。百年前在这里开店的商家里，最有名的是孔祥熙家族。

孔祥熙自美国留学回国后，最初热心教育事业，现山西农业大学就是在孔祥熙创办的铭贤学校基础演变而来。至今在大学校园里还可以看到百年来的中西合璧建筑，大屋顶、砖石房屋，有取暖设备。

校内现存最早建筑崇圣楼据说有280年历史，原是天后宫、孟家花园，后供奉孔子。现存老建筑有二层独栋，也有三层办公楼。二层独栋装饰华美，琉璃瓦和高高的飞檐、花窗吸引着孔祥熙的夫人宋霭玲，她曾在此担任英语教师，协助孔祥

熙处理教务，孔家大小姐孔令仪在太谷出生。十几栋平房小院里中式坡屋顶，西式红色外墙，铁栅栏圈起来小花园里精细的花草，几乎落地的大窗、白色的窗栏，美观和谐。

在鼓楼西大街上，有孔祥熙创立的祥记公司，上官巷里有他的旧宅。这处宅子是 1925 年他从有家族亲戚关系的孟家买来的。

院内现有孔祥熙生平展、中国历代货币展、珍贵文物展等，大多数藏品是收藏家叶耀中个人收藏，展品从古到今内容丰富，战国的贝币刀币、王莽造币、罕见的南北朝货币、宋朝的铁铸大号通宝、历代造币铁范、各类盖有孔祥熙签章的票据、公债……最厉害的是"中国金银镏金货币珍宝馆"，收藏的金银币均有铭牌释文，如楚国银币、战国金币、王莽制钱。后院小亭上原有书法家赵铁山的题匾"陶然亭"，据说孔家二小姐曾在这里赏花喂鱼。

百年前中国的"华尔街"

太谷俗语："太谷城是真有名，鼓楼盖在街心心。"太谷老城四街八井七十二巷，以鼓楼为中心，辐射东、南、西三条大街。楼北是老县衙。太谷旧城建筑中商号占三分之一，百年前中国的"华尔街"不是虚夸。

旧时太谷全县近半数壮年男性长期从事商业活动，从事的行业有票号、药材、绸缎、皮货、呢绒等几十个行业，业务范围遍及全国和世界重要商埠。民间流传有"金太谷，银祁县，平遥是些小买卖"的说法。光绪年间东街、西街、南街上商号林立，祁县、平遥商号都在太谷开设分号。值得注意的是，太谷商号中的多数以经营大宗批发业务为主，零售为辅，可见太谷商人的实力。太原人刘大鹏在《退想斋日记》中真实记录了晋商鼎盛期太谷的繁华："太谷为晋川第一富区也，大商大贾都荟萃于此。城镇村庄，亦多富堂，故风俗奢侈为诸邑最""五百万金者一户，百万金者三、四户，数十万金者数十户，数万金者则不计其数"。光绪二十一年（1895）十月二十二日，"街市之中，商旅往来，肩扛元宝，手握朱提（银锭代称），如水之流，滔滔不断。"

城墙不存，老街格局还在，老宅院据统计还有 150 处左右。相当一批老民居面貌依旧，仍具有使用功能。太谷鼓楼建于明万历四十三年（1615），又名大观楼。道光二十二年（1842）《太谷重修大观楼捐银碑》记载，当时太谷捐银的商号有 600 余家。方形砖砌 8 米台基上的鼓楼三重檐歇山顶木构高 20 米。楼身二层，面阔、进深均三间，下开十字交叉口。作为重要的公共建筑，鼓楼和白塔同为太谷老城标志。登鼓楼俯瞰古城全貌，所谓大观之名正符此意。晴空下，鼓楼四周街道尽收眼底，砖石结构四合院星罗棋布。四合院院落整齐划一的灰色调子，层叠的屋檐，依然精致的木雕砖雕，看得一清二楚。时过境迁，在鼓楼上能看到原生态的老街，非常难得。

鼓楼南小街中藏着无边寺和白塔。寺内环境清幽，山门后是倒座戏台，雀替、阑额等处木雕精致，透雕的龙形活灵活现。无边寺现存格局坐北朝南，三进院落，现状是清代光绪年间重修后的格局。献殿歇山顶上覆黄琉璃瓦，据说与

俯瞰太谷老街

无边寺内白塔

庚子事件期间慈禧西逃路过太谷有关。白塔居中是遵循了早期寺院以塔为中心的格局，无边寺的前世或在魏晋北朝时期已有。与鼓楼遥相呼应的八角七层白塔高耸凌空，通体洁白，高40多米，各层拱券门洞与檐外相通，雕假门窗。塔内底层为小型方室，二层以上中空，攀登狭窄陡峭的木梯，可以俯瞰古城面貌。

无边寺东侧一处院落曾是清末山西总商会办公场所。省商会总部在省城外的县里，可见当时太谷商业的繁华。

清末民国初期著名书法家赵昌燮，字铁山，人称"华北第一支名笔"，在当时享有盛誉。晋中很多著名宅邸里都有他的书法作品。他的故居在田家后街，几个相连的院落，颇有气势。可惜近年来靠南的一个院落完全消失。北侧两个院子，东为拔贡院，建于清中期，西院书房院建于清末，现在也成了大杂院，环境杂乱。老宅格局尚存，还能看到昔日精细的三雕……在书房院最后一进院，主人精心设计了一处颇有些江南风雅味道的私密空间。正房三开间二层，次间开方形大窗，实现了更好的采光效果。厢房位置上一开间单坡小敞厅，镂空木窗，装饰性极强。

赵铁山宅内精美砖雕

晋商老家的技艺

太谷药王　躬耕南山

当代太谷晋商中，杨巨奎无疑是有号召力的名字。太谷凤凰山脚下是杨老当年创办的黄河药厂基地。杨老是国家级非物质文化遗产龟龄集特色中药传承人，80多岁时仍日理万机。

龟龄集具有强身健脑、调整神经、促进新陈代谢、增强肌体活力等功能，是国产中成药中的珍品，药品多胶囊形。龟龄集入酒也较普遍。龟龄集采用上品名贵药材，如人参必选用秋季的东北长白山石柱参，鹿茸必选用5年以上的二杠三岔茸，未骨化前的上品。龟龄集制作的传统炮制工艺经历代师徒传承，至今仍在沿用，炮制工艺的关键环节只能由传承人独自完成。炮制工艺有99道工序，大部分是龟龄集独有。28种药材使用28种不同炮制方法，如熟地黄炮制过程要经过九炙九蒸九晒历时27天才能达到要求，鹿茸配制龟龄集则必用陈醋。

药厂里有一处馆藏丰富的山西中医药博物馆，2013年年底试运行。走进展厅，琳琅满目的各类展品有3000多件——中草药标本、中成药、龟龄集古方、各个时期的龟龄集、安宫丸、定坤丹等，明清以来药方、善本医书以及杨老行医介绍等，很多是杨老几十年来积累的藏品。珍藏的标本如灵芝、沉香、海龟、玳瑁等都有极高价值。龟龄集的制作过程通过泥塑作品呈现给观众。

2020年春，杨老仙逝。有缘拜访一面，杨老风范让人如沐春风。音容笑貌，如在昨天。每当和朋友们谈到山西晋商精神时，我常说起杨老的人生传奇。

历久弥新太谷饼

在太谷街面上的任一土特产店里都能看到太谷饼。

太谷饼既可做主食干粮，也可做零食，是太谷县的特产美食。最早生产出售太谷饼的店铺都是后院生产、前店出售的作坊式生产模式。如今大规模生产的太谷饼质优价廉，冷食酥而不硬，味道香甜兼有。

白城村里有百年老字号荣欣堂的制作车间。这里还展出荣欣堂品牌的发展史，可以看到至今五代荣欣堂的领导者历经风云、持之以恒地坚守太谷饼制作工艺。展品有保存下来百年前的往来账本，早期制作工具等珍贵实物。参观者可以看到实际的流水线操作过程。传统的制作工艺中手工部分基本保留下来，工人们在车间里娴熟地工作着。只是烘焙过程采用了电烤箱，提高效率，更为环保。

雕刻时光的美好

砖雕技艺在晋中沃土上世代相传，乡间艺人在作坊里继承着祖辈的手艺，祁县东观荣德聚就是其中的一处。这里的师傅传承了老辈技艺，又增加了现代理念，不变的是全手工的操作过程。从选择原料到制作完毕，有 12 道工序，30 多个生产环节，作品遍布大江南北。

走进车间，除了各种工具的敲打声，很少有人说话，师傅们都在各自的岗位

传统工艺的砖雕作坊里大量保留了手工环节

上忙碌着，从起坯、雕刻到下窑都有严格的分工和质量要求，容不得半点马虎。在秋冬的寒冷季节里，女师傅们戴着手套在泥坯上一刀一刀地刻着。室外的空地上摆满了各类制作好的大小砖雕作品。

荣德聚创始人程志坚先生是土生土长东观村人。他喜爱传统的晋作工艺，于是开创工坊，汇聚乡间的手工艺人。乔家大院等三晋著名景观里的砖雕、木雕构件很多都出自这里。

玻璃不仅仅是吹出来的

祁县是北方重要的玻璃制作中心。这里曾经拥有众多玻璃制造企业。红海玻璃是一家1953年建厂已有70年历史的玻璃企业，经过艰苦创业和不断创新，其丰富的玻璃产品已畅销于国内外市场。它们的玻璃文化艺术园区，让更多人了解、欣赏不同风格的玻璃制品。

玻璃熔料的炉内火光闪闪，厂房里冬天暖融融，夏天能使人大汗淋漓。工人师傅拿起一根空心铁管在炉膛内挑料，先把料打成小泡，待小泡冷却到一定程度时，另一位师傅用打好的小泡再到炉膛里取料。之后，师傅通过上下转动和降温过程将玻璃料调和到柔韧性极高的程度，然后，再将塑造成型的料盛入玻璃器皿模具中，边吹边转动铁管，在师傅娴熟的技艺下，玻璃器皿坯子很快呼之欲出。

文化艺术园里有人工吹制玻璃器皿车间、玻璃器皿深加工工艺车间、玻璃历史文化展厅、玻璃艺术精品展区。

一座宅院一段传奇

"金太谷、银祁县"中的祁县是晋商重镇，除乔家大院之外，昭馀古城、老街，都是颇具底蕴的地方，还有众多古迹散落乡间。

乔家大院

"在中堂"的主人乔致庸多年经营，将乔家的商业发展到极盛。当年的乔家一

明楼院是乔家大院精华

定没想到，自己的私宅如今成了每天被无数陌生人参观的公共场所。"在中堂"宅院最初建于乾隆二十年（1755），光绪至民国初年增建为现在规模。

6个院落分列在长80米的东西甬道的南北两侧。在这里青砖灰瓦，木雕、石雕、砖雕精品众多。院落正房是三间或五间的砖石结构二层楼。"在中堂"宅院东门前那块著名的百寿图照壁，据说是乔家女婿、榆次常家常赞春的手笔。一百个寿字无一雷同，象征百种含义，百寿字两旁配篆体楹联"损人欲以复天理，蓄道德而能文章"，额题"履和"是清代名臣左宗棠所书。乔家院落里也少不了书法家赵铁山的作品——新院砖雕影壁上的《省分箴》。

乔家大院现在是祁县民俗博物馆，大多数房屋用于展出以乔家为代表的晋商的发展史以及晋中民俗文化。展品很多是征集来的，不一定是乔家原物。号称乔家祖传的两件宝贝——九龙宫灯和犀牛望月镜，是必看之物。

晋商大院建筑细节上的精美程度大体类似。屋脊、阑额、雀替大多雕刻细腻，保存完好。木雕、砖雕、石雕以及牌匾、彩绘是值得欣赏的细节。有人曾统计，乔家的木雕艺术品有 300 多件，无一重复。

"在中堂"始建于清乾隆年间，占地面积一万多平方米，其中建筑面积 4175 平方米，共分 6 个大院，20 个小院，313 间房屋，院落建筑平面为双"喜"字形，为传统中式结构。宅院周围有高墙，上有女墙垛口。进入乔家院大门，笔直石铺甬道将 6 个大院分为南、北两部分。西边尽头处是乔家祠堂，与大门遥相对应。大院主楼有 4 座，门楼、更楼、眺阁 6 座，各院之间的房顶上有走道相通，用于巡更护院。

乔家大院北部 3 个大院从东往西依次是老院（东北院或筒楼院）、西北院（明楼院）、书房院（花园）；南部 3 个大院从东往西依次为东南院、西南院、新院；6 个大院的名称也表明了院落的建筑顺序。

老院建筑时间最早，为三进五连环套院。正房二层楼硬山顶，面阔 5 间，有气派的明柱木雕入户门楼。这里是乔家招待客人和祭祀祖先的地方。正房东边的里偏院是厨房和食堂。外偏院是私塾院。西北院和老院格局基

乔家大院的木雕、砖雕、石雕艺术是北方建筑装饰代表

本相同，最大区别是正房二楼为明楼，全木雕花隔扇门，木雕雀替、扶栏的精湛和细腻工艺让人惊叹。明楼院典雅富贵，是乔家各院里的精华。书房院比较宽阔，内部现在为花园。南部3院均为二进双通四合院。新院建筑时间在民国时期，窗户带有欧式风格，采光较好。

乔家支系老宅与"在中堂"紧邻，目前德兴堂、保元堂、宁守堂等已复建完毕，有以节气为线索的晋中民俗生活系列展览。晋中能工巧匠制作的泥塑群像、从乡村收集来的旧时农具、生活用品，让我们感到乡土民风的亲切，曾经的传统其实并不遥远。德兴堂戏台院里，常有祁太秧歌演出。演员们来自晋中市祁太秧歌艺术团，有了他们，非遗才有了鲜活的生命力。

渠家大院

清后期祁县商业发达，商帮中以乔、渠二家为首。当年渠家号称"渠半城"，拥有十几个大院，千间房子。现在幸存且开放的渠家大院兴建于清同治光绪年间，面积是渠家全盛期面积的五分之一。

渠家大院主体部分在东大街路北，进门第一道院是客厅院。右侧沿通道进去是罕见连续五进院。牌楼院是精华所在，二道门上装饰多层斗拱，正面书"乐天伦"，背面书"仁者寿"。主楼上挂"德星朗耀"匾。屋内有渠家末代掌门人、实业家、收藏家渠仁甫简介。渠仁甫先生支撑渠家事业几十年，投资学校、图书业，

渠家院内多有匾额题字，如"乐天伦""仁者寿"等，体现晋商生活态度

较有名气的有祁县竞新学校、太原书业诚书店，他还将渠家藏书捐赠给山西图书馆和祁县图书馆。

渠家大院西侧一院现为渠本翘故居，院内有他的生平展览。渠本翘出生于1862年，小时在外公乔家居住，因聪敏过人被称为"神童"，先后中秀才、解元、进士，后任清朝内阁中书。1903年任驻日本横滨领事，回国后任山西大学堂监督。渠本翘是实业家，曾与人合资接管当时官办"晋升火柴局"，创办"双福火柴公司"，即平遥火柴厂前身。1906年，在"山西保矿运动"中任保晋矿务公司总经理，从英商手中收回阳泉等地矿权。晚年致力于收藏古籍字画，一生颇有传奇色彩。

长裕川茶庄是渠家经营茶业的商号，在昭馀古城北部段家巷北口。长裕川茶庄始建于清乾隆年间，笔直的清砖甬道将大院一分为二。进门右侧的经理院门前是大型青石浮雕，为嵌入式四柱三间青石牌坊，高15米，宽10米，浮雕面积约120平方米。从墙脚到墙头用

客厅院门上的核桃木制匾额

渠家长裕川茶庄内的青石门楼，是珍贵石雕作品

石雕人物山水、草木虫鱼、飞禽走兽等构成一幅包罗万象的民俗图景：最上层是聚珍、进宝、招财、利市4位仙官像，往下是赵公明财神像，正门匾额"莆禄尔康"，两侧展卷式匾为"恒其德"与"乐循理"，分别为楷、篆、隶三体。正门楹联为张思睿书（篆体）："此地有崇山竣岭茂林修竹，是能读三坟五典八索九丘。"侧门楹联为祁寯藻书（楷体）："立德立言居之以敬，友直友谅尊其所闻。"柱础莲花座，窗台以下分别雕12生肖及故事人物。上部雕像被毁。整座浮雕生动逼真，内容丰富，体现了晋商文化的情趣，是难得的大型石雕精品。这里开设晋商茶庄博物馆，展出晋商经营万里茶路的文物和资料。

昭馀老街

祁县老街和太谷老街一样，城墙被拆，格局尚存。昭馀镇作为祁县县治的历史可以追溯到北魏孝文帝年间。古城墙在20世纪被陆续拆除，"一城、四街、二十八巷、四十大院"的格局基本保存下来。东、西、南、北四条主街比太谷和平遥老城街道都显得宽些，十字交叉口上也未见常规的鼓楼。

从东面的昭馀牌坊下进去就是东大街。清中期以来，晋中数县的商业活动达到极盛，据记载清宣统二年（1910）祁县有各类店铺千余家，其中在县城有236家。现在的门脸房当年也是各类商铺。

西大街上出现古城里第一家老宅改造的"丹枫阁客栈"。这座标准的穿堂三进院，原为晋恒票号。二楼会议厅不定期举办晋商文化讲座。丹枫阁是明清之际祁县名士戴廷栻所建，曾是老城内地标建筑，三间四层，巍峨壮丽。

夜色降临，南街上的高氏烧饼店灯火通明。几位老主顾和店主高师傅聊天的同时买走了刚出炉的烧饼。烧饼店是三代祖传下来的，高师傅在这里经营了几十年。这是典型的家庭作坊，干净整洁。

饼子分咸、甜不同口味，一口咬下去，满口酥脆，香气诱人。印象最深的还是死面饼，那感觉正如店前的招牌上所写——饼四儿耐咬咬。高师傅排行老四，家传做耐咬咬，非常形象，我一下就记住了。县城内的一些小店门前也看到贴有耐咬

咬的招牌，这是当地流行的主食。高师傅只在傍晚做耐咬咬，我赶得正好。

高氏烧饼斜对面是顾椿香油店。顾腾是第三代，顾椿是他的祖父。他说顾家来自南方在这里为官后留下定居。顾椿香油是采用传统水代法制作的小磨香油，现在祁县仍然保持传统操作规范的只此一家，是山西省非遗项目。我国传统的制油方法水代法已有千年历史，从炒、打磨、磨碎到兑水等环节都凭个人经验操作，操作者的技术水平决定出油量和香味。

平遥古城

当年的世界遗产委员会是这样评价平遥的："平遥古城是中国境内保存最为完整的一座古代县城，是中国汉民族城市在明清时期的杰出范例，在中国历史的发展中，为人们展示了一幅非同寻常的文化、社会、经济及宗教发展的完整画卷。"

所谓保存完整，是指城市结构几乎完整地保存了下来。早期的城墙是夯土城垣，现存城墙建于明洪武三年（1370），城内基本上还是明初以来历史形成的建筑格局：以县衙、文庙、城隍庙、清虚观为代表的古代行政机构和宗教场所；以"明清街"上日升昌票号等商业场所为代表的清以来晋商建筑；以"四大街、八小街、七十二条蚰蜒巷"为骨架的街巷分布肌理；还有约400座基本完好的民居四合院。平遥古城有龟城之说，也是寓意长久繁荣之意。

平遥古城是个普通的北方县城，这里的古建远远不是最好的最有代表性的经典。但平遥古城保存下来，成为古代城市的幸存者，这其中有历史的偶然性。20世纪中期以来平遥城墙多次险些被拆，20世纪80年代是罗哲文、郑孝燮、阮仪三等知名专家联名呼吁才幸存下来。近年来我了解到，20世纪70~90年代，以李有华先生为代表的平遥文物工作者为保护古城文物付出了很多。没有他们的努力，我们今天看不到如此完好的平遥古城。

从东门出发，我沿城墙内侧按顺时针方向骑行。古城东南角的小教堂是清末建筑，在一片灰色平房中很突兀，几位从教堂出来的人骑自行车走了，夜幕中

平遥古城的城墙保存完整

的教堂清静无人。它的斜对面不远处是麒麟阁大饭店，正当掌灯十分，门前车水马龙。饭店对面的平遥大戏堂也很红火，每天都有地方特色戏曲为主的演出。

平遥古城内的公私建筑群大体保存下来，标志性的是县衙、城隍庙、文庙和清虚观。平遥县衙始建于元。过去曾是平遥县政府办公用，腾退后县衙六进院落得以修复，房屋用途也依照原样做了说明牌。以南大街为轴，平遥城隍庙与县衙东西对称。城隍庙以城隍殿为中心，包括六曹府、土地堂、灶君庙、财神庙四部分。儒教、道教、民俗文化在这里相融一体，大殿东西山墙上的"城隍出巡图"壁画保存完好。

文庙和城隍庙紧挨着。文庙核心建筑大成殿是单檐歇山顶，面阔进深都是五开间，平面近方形，为金代建筑。

东大街上的清虚观，现在是县博物馆。清虚观是平遥古城内最大道教活动场所。始建于唐，历代修缮，清代称清虚观。在中轴线上依次是龙虎殿、献殿、三清殿与东西配殿组成的三进院。龙虎殿歇山顶，元代风格，面阔五间，颇有气势。前檐下青龙、白虎二像高 5 米，神态逼真，勇猛异常，仿佛两位生龙活虎的武士站在人们面前。三清殿面阔五间，单檐歇山顶，明万历期间重修。蒙元时，丘处机弟子尹志平（道号清和子）在清虚观传道。观内现存多尊元以来的彩绘泥塑，宋、元、明、清碑碣几十通。

清虚观内作为县博物馆，展品十分丰富，北朝、唐、宋佛像，唐代墓志，明代道教木刻神像、石屏，北朝造像碑，样样珍贵。藏品里有一套清末制作的纱阁戏人很有名。

明清街之外的古城街道两侧大部分是民居院落。著名的雷履泰故居在西南城边。

传说市楼下有口井，号称金井，是过去平遥人的取水口。多年前一次建设施工中曾在这里发现过古井遗迹。市楼前后店铺林立，西南侧的长生源黄酒铺子是平遥古城内有名的老字号。

平遥的火爆和晋商票号的故事被人们广为传颂是分不开的。现在日升昌、蔚泰厚、协同庆这些旧日的票号旧址纷纷成为博物馆。著名的日升昌号称中国第一票号，其前身西裕成颜料庄，乾隆年间已是资本雄厚。

平遥票号占地都不算大，旧址改建的博物馆大多展出票号内容，看了最著名的几个，其他的就大同小异了。票号主题之外比较有意思的博物馆还有两个，一个是南大街南部路东的珍奇报纸陈列馆，收藏了很多国内外的罕见报纸的原物，另一个是西大街上的平遥县古兵器博物馆（文涛坊），是公益性民营博物馆，展出的各时期冷兵器藏品都是馆主长期收集的。馆长刘文涛先生是平遥人，自幼习武，酷爱刀剑，古兵器收藏千余件，复制和修复中国古兵器数百件，成功复原了中国古刀剑传统锻造工艺——失传已久的"花纹钢技术"。

平遥被人们认可的主要原因是人居环境不断改善的同时，体量庞大的公私建筑保存完好，大部分建筑内仍有本地居民生活和工作，几个世纪以来的人文环境得以延续。

平遥城隍庙内大殿山墙上保存完好的"城隍出巡图"壁画

双林镇国之魅

平遥历经几千年文化积淀，一县之地保存了大批文化遗产。2022 年初，全县拥有全国重点文物保护单位 20 处，从县级到国家级文物保护单位总数达 143 处，在全国县级行政区域中是十分少见的。这些文物很多在古城之外的乡村。

平遥古城在 1986 年成为我国公布的第二批国家历史文化名城，1997 年成为世界文化遗产。与古城具有同样重要地位、极具历史和审美价值的古寺——双林寺和镇国寺，如喧嚣都市郊外的隐士，洋溢着遗世独立的美。

双林寺

双林和镇国，一个在古城西南，一个在古城东北，方向完全相反。双林寺号称彩塑艺术宝库。

　　已知双林寺最早的一次维修在北齐武平二年（571）。寺内现存造像2000余尊，如此规模的明代彩塑造像群在国内数一数二。现存古寺是明清建筑群，中轴线上有三进院十几座殿宇。前院里是释迦殿、罗汉殿、武圣殿、土地殿、阎罗殿和天王殿；中院是大雄宝殿和东西厢的千佛殿、菩萨殿；后院是娘娘殿和贞义祠。寺外高墙环绕，远看如小城堡，里面是艺术宝库。

　　进入山门，天王殿廊檐下是威武的四大金刚，每尊约高3米，一字排开。写实手法让其有了人间武士的形象，一上来就有咄咄逼人的气势。一进院释迦殿内居中的是释迦牟尼佛，左右是文殊、普贤菩萨。殿内四壁用圆雕、浮雕手法，表现释迦牟尼的佛传故事。后墙上的渡海观音是双林寺彩塑中的精华之一。彩塑中观音坐在红色莲瓣上，神情安详，背景是波涛汹涌的大海。

　　第二进院中是大雄宝殿，东西厢是千佛殿、菩萨殿。大雄宝殿明初重建，是

释迦殿内释迦牟尼佛像

千佛殿内观音像

全寺最高大的建筑。殿内主像是"三身佛"，两侧是文殊、普贤坐像。东边的千佛殿内有彩塑五百余尊，占全寺的四分之一。双林寺最厉害的作品就在这儿！主像观音，面相恬静，姿态舒畅自然。左右是韦驮和夜叉立像。生动的韦驮像独一无二：整个身体下肢稍息站立，上肢扭转、头部转动与眼神反向，鲜活地展现出一位生活中神气活现的将军。在很多美术史教材中，这尊韦驮像是古代彩塑作品典范。殿内密布悬塑、壁塑，五百菩萨分五至六层排列，姿态万千。窗台和门两侧有几十尊供养人像。

千佛殿内韦驮像

　　菩萨殿与千佛殿相对，主像千手千眼观音，端庄大方。四周悬塑四百多尊菩萨在彩云之上，正在行进，观者好似进入佛教世界的"环幕影院"。

镇国寺

　　五代十国战火纷飞，木建筑保留下来十分难得。始建于北汉天会七年（963）的镇国寺现存两进院落。大殿又称万佛殿，简洁有力的大殿飞檐近2米，平面呈方形，外形稳重，梁架均是原装，彩绘散尽，千年原木露出本色。

　　镇国寺中留存北汉时期"半截碑"，万佛殿内塑像也是北汉原物。殿内正中佛坛占室内面积一半，坛上一佛、二弟子、四菩萨、二天王，造像姿态自如，大唐神采尚存。"万佛"的名称来自四壁上连绵的坐佛壁画。走在殿中，四面是万佛围绕，佛坛群像生动传神。

万佛殿内墙壁上绘满佛像

　　二进院主殿三佛楼，佛像是明代作品，墙壁上是佛传故事壁画，生动细腻。左右两侧是观音殿和地藏殿。各殿内的塑像大体保存下来，不乏上乘之作。寺内的千年古槐和万佛殿一样默默见证了历史变迁。山门外鲜花盛开，绿树成荫，回首，万佛殿和古槐"默默矗立"。

镇国寺万佛殿为五代木构建筑

万佛殿内塑像

介休后土庙

如果说洪洞广胜寺里有最好的琉璃宝塔，那么介休后土庙就有最好的琉璃大殿。在明代，琉璃工业是晋南知名产业，介休是当时名气最大的琉璃制造集中区。由于原料匮乏、工艺失传，介休琉璃制品的集大成者——后土庙古代琉璃件很多已是绝品。

后土崇拜是我国秦汉时期很重要的神明崇拜。其源头在万荣黄河边的汾阴后土祠。后土概念逐渐演化为祭祀天地日月，在民间，后土神又和世俗化概念混合，成为晋南民众普遍崇拜的大神。

经过历代修缮，后土庙与周围多座道教建筑合为一个宏大的建筑群，后土庙是核心。三清观和后土庙前后贯通，中轴线上是罕见的五进院，主线上的建筑有三清观影壁、山门天王殿、护法殿、献亭、三清楼、倒座戏台、后土大殿。在这主线的东部还有个小轴线，其主体建筑是后土影壁、山门、娘娘殿。这些主要建筑的顶部有装饰性极强的琉璃构件，而且采用了传统社会的最高等级颜色——黄色。东侧还有三座道家建筑吕祖阁、关帝庙和土地庙，东西走向并排而立，门前三座戏台连为一线。

后土影壁当中是二龙闹海图，屋脊上黄琉璃件还很亮丽。山门殿于1991年修复，内供道教四大护法元帅：赵公明、马灵耀、温琼、岳飞。娘娘殿前些年大修过，面阔三间单檐硬山顶，前出卷棚抱厦，黄绿琉璃剪边，内供云霄、琼宵、碧霄三霄娘娘。

三清观影壁始建于明正德年间，清道光十五年重新烧造，顶部壁心及四角均是精美的琉璃制品。影壁正脊是装饰精美的龙凤大花脊，中间是仙山楼阁，间以牡丹、莲花点缀。壁心是"麒麟闹八宝"，麒麟周围从左到右依次环绕吊钱、元宝、双菱、海螺、珊瑚、如意、双圈、犀角杯；麒麟头部饰有太阳和云彩，象征光明和永恒、吉祥。这是一件完美夺目的艺术精品。

山门也称天王殿，四大天王是魔礼青、魔礼红、魔礼海、魔礼寿。《封神演

三清观影壁壁心

义》中的人物在此"落了地"。

护法殿正中挂金匾"道教开天"。殿内新塑道教四大护法神，王魔、杨森、高友乾、李兴霸。

护法殿后的院子宽阔了许多，院子北部居中的是三清观主体建筑三清楼。楼前是卷棚顶献亭。三清楼，明正德十四年（1519）重建。总高15.2米，下为三清正殿，上为三面围廊的三清楼（又名八卦楼），背面是后土庙戏台。三清楼采用了三重檐十字歇山顶的罕见复杂造型，楼和戏台接合为一体，平面呈凸字形。重檐往复，翘角飞檐，黄、绿、蓝三色的琉璃构件，让人眼花缭乱，是明清时期以繁复为美观的杰作。

三清楼里供奉道教最高神"三清"：玉清元始天尊、上清灵宝天尊、太清道德天尊。两侧是四位天帝即"四御"：昊天金阙至尊玉皇大帝、中天北极紫微太皇大帝、勾陈上宫南极天皇大帝、承天效法后土皇地祇。"三清"为盘坐像，"四御"为

全黄琉璃瓦覆盖的后土庙倒座戏台

后土大殿

坐像。东西配殿里是"万圣朝元"悬塑，他们是在"四御"带领下朝拜"三清"。过去曾经有 1200 多尊彩塑，现在还有 700 多尊。墙壁上的悬塑是明代匠人建造的水陆云天的浩荡景象，神仙们分层站立，各有名号。

最后一进院南侧是重檐歇山顶的后土庙倒座戏台，左右八字影壁上有麒麟砖雕。影壁侧面琉璃件主题是老鼠拖葡萄，诙谐俏皮，体现了富足祥和的民间愿望。戏台和背后三清楼的琉璃屋脊错落有致，颇为壮观。

后土行宫大殿，重檐歇山顶，现存建筑是明正德大修后的格局。高台上的后土大殿壮丽威严：重檐歇山、前出廊、面阔五间，屋脊和屋顶全为黄琉璃构件覆盖。加上左右的三官祠和真武殿，合为面阔十一间，超越了常规的传统社会建筑规制。在山西乃至全国这么特殊的建筑形制也是罕见的。正屋脊南面琉璃图案是双凤牡丹，北面是二龙戏珠。殿内开阔，当中木龛内供奉后土，即三清观"四御"之一的承天效法后土皇地祇。三清观内塑像是男身，在这里后土神是女身。后土崇拜自远古即有。以土为阴，那么对大地的崇拜，后土神也就有了女身的基础。后土神民间称后土娘娘。

后土庙是介休老城内最大古建群，琉璃精品五彩斑斓，彩塑群大有可观，再有五进院、相当于十一开间的大殿，看点颇多，是名副其实的琉璃大世界。

守望张壁

历代民众奉献、守望介休绵山脚下的张壁古堡，是张壁文明千百年来绵延不断的源泉。文明的宝物让后人惊叹，我们欣赏、敬畏、传承。

古堡之宝

张壁在雄伟的绵山脚下，海拔 1000 米，受地形所限，张壁古堡面积只有 0.12 平方公里，周长不过 1300 米。在这样的局促空间里，张壁祖先把安居、祭祀、交通、防御等基本生活和生产要素集中安排妥当。每当在古堡里，我都没有感觉到所

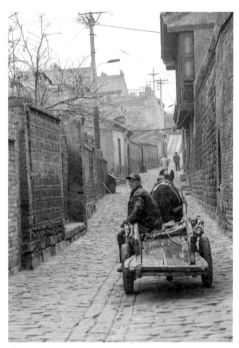

张壁的南北轴线主街青石板路　　　　空王行祠琉璃碑

谓的小，反而总能感觉到空间的张力。这个看不到的力量，是古人营造建筑艺术的独特魅力。

　　张壁在高岗上，三面悬崖深沟，只南面临山，地势更高，比较宽广。古堡夯土堡墙原高约 10 米，是用来作为防御体系支点。张壁内部条理清晰，布置妥当，能看出是经过精细的规划。古堡开南、北两门，沟通南北的一条长 300 米左右的青石板路作为中轴线，由南向北，逐渐升高，被称为龙街。

　　南门和北门是防御的弱点。古人费了很多心思，在两门上规划制高点用来防御和瞭望，后来衍化成祭祀宗教场所。另在北门外加瓮城。瓮城内的楼阁是吕祖阁。北侧是清乾隆年间所建二郎庙，正殿下层是石窟，上层有木构建筑三间，对面是戏台。

　　北门防御制高点位置现在是真武殿和空王行祠。真武殿和空王行祠均为砖石结构硬山顶三开间，真武殿前是钟、鼓楼，屋顶的正脊和剪边均为精美华丽的琉璃瓦装饰。正脊居中为华美楼阁，上有宝塔、相轮、铁制塔刹，总高达2米，两侧是狮、象驮宝塔，各有数个跃马扬鞭的侍者。空王行祠虽高不及真武殿，但正脊上的琉璃花卉装饰更为丰富繁杂，视觉效果更显华贵。空王行祠建于明万历四十一年（1613），殿内神像居中者为空王佛，两侧为传说中的弟子摩斯、银公像。三像左右各有侍者、菩萨，像后均有精美的贴金背光，具有明代风格。殿前廊下是张壁一宝——琉璃碑。这两通碑通体孔雀蓝色，世间罕有。碑文蓝底墨书，东侧琉璃碑碑文为《创建空王行祠碑记》，详细记述了空王佛事迹和建殿过程。碑文记录"琉璃匠人乔京、乔天科、天恩、乔当贞"名字。西侧琉璃碑为明万历三十三年（1605）发愿碑，记录僧人和捐赠人的名单。捐资者来自张、靳、贾、王四个大姓家族。

主街北部是"槐抱柳"景观，是古堡内仅存古树。古树两侧各一椭圆形水池，村民称之为"涝池"，用来排水。张壁虽小，但旧时有11口水井，这也是古人能选择定居于此的基础。

古堡内有一街七巷，主街两侧，东边三巷、西边四巷。东三巷是靳家巷、大东巷、小东巷，西四巷是西场巷、贾家巷、王家巷、户家园。张壁是个杂姓村，张、靳、贾、王是比较有实力的家族。西四巷街格局严整，保存完好的民居集中于户家园与贾家巷的嘉会堂。东四巷民居多为农家小院。张壁民居里常见四合院和三合院，四合院以西场巷贾田荣院为代表，典型的三合院是贾家巷清宁堂。张壁最大院落是贾家巷的清代商人张礼维的宅院，共有八个院落。贾家巷口高大厚实的"永春楼"颇有些堡中有堡的感觉。永春楼南边路东古井是古堡内现存最好的一个。现在水口已被封闭。

古堡之谜

南门位置是古堡最高处，张壁几个著名的"谜"都在这。南门东北高大围墙内是著名的可汗庙。南边是戏台，北边台基上是主殿和钟鼓楼。主殿三开间，硬山顶。

张壁可汗庙内

张壁可汗庙是外界所知的第一座可汗神祭祀场所。近年来，晋中、吕梁多地陆续发现可汗庙。张壁可汗庙廊下明天启六年（1626）《重修可汗庙碑记》认为："此村惟有可汗祠，创自何代殊不可考"，但又记载"中梁书'延祐元年重建'云"。说明至少元延祐元年（1314）重建前张壁的可汗庙已经存在。

可汗是北方胡族最高首领的尊号，这一称号在鲜卑、柔然、突厥族群广泛使用，后为内地熟知。历史上著名的例子是唐太宗李世民被朝觐的北方部族首领尊为"天可汗"。

可汗庙东厢房内是张壁另一个谜——地道的入口。张壁地下居然修建起长达几千米的地道。根据现存情况看，显然不是简单避难场所，而是具有鲜明的军事用途。目前可知的有3000~5000米，可以用于参观的有1500米。地道有上中下共三层的立体网状结构，上层距地面2米左右，中层距地面8~10米，下层距地面17~20米。地道修建得比较低矮，地道内各类地下军事和生活设施均有：屯兵洞、粮仓、陷阱、伏击坑、射箭坑、淹水道、通讯道、瞭望孔、排水道口、逃跑出口，直井从顶层直通底层。张壁村内的十几座水井，其中多座都与地道连通。很多支洞没有修缮，被封闭起来。

可汗庙外墙体东南角复建了奎星阁，南门正上方是西天圣境殿，南门外是清关帝庙。可汗庙南堡墙外的观音堂院内有一尊泥包铁像。坐像被古人安置在墙体内的封闭空间里，后被人们无意间发现。坐像约1米高，头戴高帽，帽上有徽，现已看不清楚。耳后有披风，脸型圆润。坐像上身半露，似着僧服，盘腿坐姿，包泥后看不到铁像原貌。剥落处显露出原来铁质。包泥手法在辽金多见，如云冈很多石窟都曾被包泥。张壁包泥铁像来历又是一个谜。

张壁内涵丰厚，空间布局、祭祀场所、军事防御设施安排，是历代祖先智慧的累积。张壁文明不是一朝一代的产物。我们常说历史是一条河流，现在的张壁是千百年来历史长河中若干精华的呈现。

汾河边的夏门堡

汾河在太岳、吕梁之间进入一段险峻峡谷，地理上称汾河山峡，历史上这里的著名古称是雀鼠谷。雀鼠之道，喻其难行。沿汾河而行的雀鼠谷曲折迂回。稍平缓处，有多个古村，山峡中部的夏门是其中之一。

民间传说夏禹治水时曾在这里开辟山谷，疏导晋阳湖的水势，后来为纪念大禹的功绩，演化为地名。

夏门为穿越山峡必经之地。汾河山峡是山西南北交流，连接西北西南、华北东北的要地。平时交通需求甚大，每当政治军事格局改变，战略价值更为凸显。历代让雀鼠谷声名大噪的事件中，非唐初李世民在此追击刘武周军队莫属。此役奠定了唐初统治基础，也是李世民军事生涯中的得意之作。

夏门在 108 国道边上。现在高铁和高速公路开通，国道负荷下降很多，夏门村安静了。

夏门老村堡墙高耸，也称夏门堡。古堡建在汾河右岸突出水面的山岩之上。这片秦王岭下的高地当地称龙头岗。岭上据说为李世民屯兵处。对面左岸山上有老生寨，据说为隋朝将领宋老生屯兵处。

夏门是梁家祖居之地。自明嘉靖年间定居开始，梁家在这里开辟出一方天地，从耕读到经商，家族兴旺，营建古堡，夏门终为汾河山峡名村，最著名的地标建筑百尺楼即是梁家的建筑杰作。明万历三十八年（1610）灵石灾年，梁家第三世梁应昭"尽输赈救"，善举得到朝廷嘉奖，从此梁家名声渐大。清嘉庆年间，梁家为灵石"四大家族"之一，至今梁氏已延续 18 代。清中期，梁家在夏门建造大夫第、御史府、祭祖堂、知府院等院落，是古堡核心传统建筑。

古堡有九条主要街巷，建筑基本保留原来的风格，同街、道、巷协调一致。大小院落有 60 多个，主要院落有大夫第、御史府、知府院、深秀宅、后堡门外院落、道台院、百尺楼等；"祭祖堂" 1 处；老字号店铺 5 处；私塾 3 处；关帝庙、土地祠、真武庙、三官庙、河神庙、文昌庙、魁星楼、鬼门关、雁归亭、对碑滩、鲁班缠、文峰塔等遗址。

走进夏门，首先看到的老院落是残破的关帝庙，院子高墙环绕，如村口哨所。绕过关帝庙，进入老堡小路。路面宽度有限，还有坡度。头堡门墙体十分厚实，足有数米。外石匾上书"外翰"，内侧石匾书"安攘"。

进入堡内，小路迂回而上，两旁老宅墙壁均为砖石，立面已被风雨剥蚀，参差不齐，坑洼不平，更显沧桑，上行是一拱门，上面是两侧院落之间的空中走廊，这当然是很理想的警戒点。

再上，道路分岔，一边小路上是二堡门，进入后还有三堡门，再进入一个平

百尺楼下岩壁上的夏门春晓石碣

夏门堡头堡门外翰石匾

台，即可入百尺楼。

走大路继续向上，周围是几个高墙大院。高墙外立面上有为获得最大采光效果而建的斜面窗户，即窗户和砖墙面不是平行，而是有一定角度。走到堡外，进入"福寿亭"院，还有几个石窑洞院，"凝瑞""业秀芝"院都已十分破败。

古堡内看不到什么居民，在街巷里穿行，走在青石板上的回声十分真切，仿佛是在历史和现实之间穿越的声音。

夏门古堡百尺楼以石壁上直上直下砌起的宽大条石为基础，由梁氏第七世梁枢建于清乾隆年间，分四层，一层和二层为三孔窑，三层为四孔窑，四层建在山顶上称云厅。百尺楼长 15 米，宽 4 米，高 40 米，因百尺有余得名，下部砖石结构，上部砖木结构。从汾河对岸望去，笔直的外立面嵌在崖壁上，好似天然合一，壮观的样貌让人赞叹。来到楼上，脚下就是汾河。河水在这里遇到了龙头岗山岩，不得

夏门堡内街巷

不调整方向，波涛汹涌的水流冲向崖壁，发出哗哗水声。历史上的汾河水流更盛，在此观景定有惊心动魄之感。

百尺楼人工和自然的融合奇景，一直被人们称道。清嘉庆年间，灵石县令王志瀜将此定为灵石八景之一"夏门春晓"，题写石匾嵌在百尺楼下崖壁上。梁氏族人梁中舆作《夏门春晓》："楼台衔晓月，桃柳醉春风，山断高林补，河围曲径通。"

第二篇

晋北 长城内外

晋北与内蒙古高原相接。这里的天气总是那么凉爽，天空总是那么高远。晋北植被少，山体高峻，极具沧桑感。驱车一出雁门关，就感到天地舒朗辽阔，常见和大西北一样的蓝天白云。本篇晋北包括现在山西省北部的大同、忻州、朔州三市范围，这里是北方游牧文化和中原农耕文化的结合部，它们在这里的碰撞融合，成为晋北人文历史的主线。战国赵武灵王"胡服骑射"，在这里开辟疆土。西汉初"白登之围"开启了几百年间的汉匈关系史。十六国—北朝时，拓跋鲜卑建立北魏，定都平城（今大同），开凿著名的云冈石窟。平城地区成为古代北方的政治中心长达一个世纪。隋唐盛世，五台山佛教事业达到鼎盛。此后，应县木塔、华严寺、崇福寺是辽金精华。明代在晋北地区修起内、外两道长城体系，与蒙古部落抗衡。清代的山西仍是内地通往塞外的要道，西口文化见证了晋商的崛起。

　　山西独有的三大世界文化遗产，晋北有其二。云冈石窟的美是东西方文化交融的产物，1500 年来历经岁月，魅力永存。前往五台山，躲开台内的喧嚣，台外古刹群值得大书特书，佛光寺和梁林故事，已是人间佳话，还有那动人心魄的早期古建。循着明代内外长城，从雁门、宁武到偏关，从新平堡、边墙五堡、杀虎口来到老牛湾，坐在母亲河岸边，看峡谷之上高天流云，风云际会。

魏都风采

云冈石窟

云冈石窟是世界文化遗产。在大同的寻访，第一站必是城西的云冈。

云冈石窟下沉式的入口让人耳目一新，添加诸多北魏文化元素，居中是四面佛。昙曜大师的清瘦塑像立在广场中心，沿路西行，依次出现高大佛殿、5层方形石塔、建在水上的仿古建筑群，都是近年来的新作。

武州山是一座外表普通的小山，山下崖壁上连绵一公里的石窟群，被称为云冈石窟，是目前我们能看到的北魏王朝早中期文化遗存。中国四大石窟中，敦煌和麦积山石窟多为民间开凿，云冈和龙门石窟是国家工程，龙门石窟又是云冈石窟的继承者。云冈石窟的价值是多方面的，石窟艺术之外更是北魏社会的真实写照。

十六国北朝时期，拓跋鲜卑成为第一个统一北方的少数民族王朝。拓跋鲜卑统治者逐渐接受西来的佛教，大为尊崇。在通往草原的必经之路上，北魏皇家选定武州山前的砂岩崖壁开凿石窟，并在这一带兴建寺院，祈求护佑，这里成为北魏皇室礼佛祈福之地，兴盛一时。

北魏兴安二年（453），在来自河西（今河西走廊）著名高僧昙曜主持下，北魏在武州山下开凿五座形制基本一致的大窟，这就是最早开凿的"昙曜五窟"，现在的石窟编号是第16~20窟。在皇家提倡下，开窟运动很快进入高潮，云冈石窟主体部分基本完成于北魏太和十八年（494）孝文帝迁都洛阳之前。迁洛后，云冈石窟大规模修建停止了，洛阳龙门石窟成为继承者。云冈石窟寺的建设引领了当时北方佛教文化，开启北朝后期至隋唐时期的石窟寺营造风潮。我们至今在北方各地看到的石窟，大多承自云冈。

经历1500年沧桑，云冈石窟遭受无数天灾人祸，被盗出境的佛像无法计数，很多窟内伤痕累累。幸运的是，石窟整体格局保存了下来。20多年前，云冈石窟入选世界文化遗产名录。

如今在从东向西长约1000米的石壁上，大小洞窟密布，有编号的洞窟45个，附洞207个，大小造像59000多尊，其中最大的佛像高17米，最小的仅高2厘米，总雕刻面积有2万平方米。

1~15号窟位于石窟东部，除第3窟外均开凿于冯太后和孝文帝时期，大多是双窟形制。第3窟又称灵岩寺洞，在云冈石窟中规模最大，但是未完工的工程。前壁高约25米，石壁上还有十多个巨大圆孔，当时的计划是向石壁内侧开凿，运出石料后的位置建起与后部洞窟相连的巨大木阁。走进窟内，东西两部后室之间的石壁被掏空。东部没有完工，空空如也。西部后室现存三尊造像。居中大佛倚坐像，高10米，左右二胁侍菩萨立像高6.2米。大佛面部圆润，表情超然，菩萨戴宝冠，下半身已风化。大佛眼睛部位的琉璃不存。倚坐佛是隋唐时期的弥勒佛造像形式，此三尊像大体应是初唐造像风格。

第5、6窟是一组双窟。窟前现有清顺治八年（1651）建的五开间四层木阁。第5窟又称大佛洞，内分前后室。后室北壁高17米的释迦牟尼佛是云冈最高佛像，泥塑重装。窟四壁和顶部满雕佛龛造像。

第6窟是中心塔柱窟，平面近方形，中央是连接窟顶的二层方形塔柱，高约14米，塔柱上雕四方佛，窟内四壁密布佛、菩萨、罗汉、飞天造像，让人目不暇接。环绕塔柱四面和东南西三壁的中下部，是描述佛祖从出生到成道过程的33幅佛传故事画。第 6 窟内容丰富，气势宏大，雕工精湛，震人心魄，是云冈中期石窟代表。

第 7、8 窟也是一组双窟，平面长方形。第 7 窟后室正壁上层雕狮子座上的菩萨像。东、西、南三壁遍布佛龛造像，南壁门拱上的供养菩萨形象女性美十足，颇有中亚风格。窟顶以莲花为中心的浮雕飞天翩翩飞舞。

第 9~13 窟被称为五华洞。第 9、10 窟是前后室结构的双窟，孝文帝太和八年（484）动工，十三年竣工。窟门上雕出清晰明确的仿木构庑殿顶造型，这是了解北魏建筑的实物参考。

第 11~13 窟为一组，中心是前后室形式的第 12 窟。第 11 窟又称接引佛洞，中心塔柱窟，塔柱四面上下开龛造像，除南面上龛为弥勒佛像外，其他都是释迦牟尼佛立像，华丽恢宏。第 12 窟前室窟顶上密布伎乐飞天，手持排箫、琵琶、横笛、束腰鼓等乐器，是名副其实的"音乐窟"。第 13 窟菩萨像高 13 米，右臂下雕刻一力士在做奋力托举状，看到它的人都要会心一笑，北魏工匠创造的富有人情味的"小可爱"传递着 1500 年的艺术魅力。

第 16~20 窟是昙曜主持开凿的第一

第 7 窟窟顶浮雕飞天

第 10 窟窟门局部

第 12 窟前室窟顶密布伎乐飞天，是名副其实的"音乐窟"

第 13 窟菩萨像右臂下一力士做奋力托举状

期洞窟，也是云冈最引人注目的部分。据说五窟主像是以北魏入主中原后的道武、明元、太武、景穆、文成五位皇帝为原型雕凿的。五窟共同点是椭圆穹庐窟形、造像形体壮硕雄伟。

第 18 窟主尊是身披千佛袈裟的释迦牟尼佛立像，高 15.5 米，以手指心，据说是曾经灭佛的太武帝化身，手形是在为灭佛政策忏悔。石壁上的弟子像有明显的印度和中亚风格。

第 19 窟主尊释迦牟尼佛坐像，高 16.8 米，是云冈第二大造像。

第 20 窟的窟前石壁崩塌，造像露天，俗称露天大佛，多以为是北魏第一位皇帝道武帝化身。主尊释迦牟尼佛坐像高 13.7 米，面部丰满，高鼻深目，眼大唇薄，大耳垂肩，是云冈石窟艺术的杰作，也是云冈石窟的象征。

露天大佛西侧是西部窟群，包括第 21~45 窟和一些没有编号的小窟，多属北魏迁洛以后作品。造像清瘦，神态文雅，藻井中的飞天飘逸，汉化风格比东部石窟群更为明显。

一公里长的石窟，是 1500 年前的艺术长廊，北魏前中期佛教艺术和建筑艺术的顶峰。云冈艺术体现了北魏社会生活和艺术审美在胡汉融合趋势下的演化过程：早期五大窟内主尊突出，装饰很少，中亚风格较明显；中期大佛像减少，题材多样化，突出释迦牟尼佛和弥勒佛，流行二佛并坐造像，体现冯太后和孝文帝共制体系；晚期多小窟，在造像外形和饰物方面的时代特征汉化风格十分突出，如秀骨清像、褒衣博带等形态，接近南朝艺术风格。

《水经注》描述云冈一带"山堂水殿，烟寺相望"，在武州山顶上近年又发现了两座北魏至辽金时期的佛寺和冶炼遗址。云冈地区是北魏皇家祭祀场所，石窟是恢宏壮丽的建筑群中的一部分。对于云冈艺术、北魏文化，我们的认知可能还很有限。

第 3 窟西部的一佛二菩萨造像

第 5 窟内 17 米高的大佛

第 20 窟释迦牟尼佛坐像

老城变迁

按明初的大同城形式，大同城墙修复完工并对外开放。登上崭新的门楼、瓮城，看到老城内古建、老旧小区、拆迁后的空地混杂一起，御河东部是高楼林立、规模巨大的新区。路通水清，古城重生，近年来大同发生着翻天覆地的变化，在古都大同历史上是罕见的。

鼓楼西：华严寺和善化寺

大同城内现存的华严寺、善化寺是辽金时期的杰作。大同老城的中心点是高大的明代鼓楼，门洞内的青石板上留着几百年岁月留下的凹凸痕迹。登上鼓楼三层外廊，是瞭望古城的绝佳位置。

辽金时的大同是陪都西京，文化和军事地位同等重要。契丹和女真族统治者与北魏鲜卑族一样，为稳定统治北方汉文化地区，大力提倡佛教，大同华严寺和善化寺是珍贵记忆。

华严寺上寺的辽建金修大殿、独创的前倾诸天像，下寺的辽代大殿和塑像群，特别值得一提的是女性特征凸显的合掌露齿菩萨。辽金建筑气魄宏大，给人留下强烈印象。辽金遗产文献记载有限，华严寺正是那个时期的典范之作。

一般认为华严寺依照契丹人"以东为上"的习俗，寺门开在东面。华严寺内曾有诸帝石像、铜像，类似皇家宗庙。明中期后分上、下两寺。现在上、下寺恢复一体，仍各有主殿。华严寺上寺主体建筑大雄宝殿始建于辽清宁八年（1062），金天眷三年（1140）重建，4米高台上的庑殿顶大殿，斗拱巨大。正脊上的琉璃鸱吻高达 4.5 米。殿前开三门，殿内用减柱法节省了 12 根内柱，因此殿内视觉十分开阔。殿中供五方佛。佛坛两侧各十尊诸天护法神，富有创意的工匠们特意将其身体前倾，肃穆的塑像群鲜活起来。殿顶清代天花板彩绘近千块，有圆环、龙凤、花卉、梵文等五彩图案。四壁满布着 21 幅清代巨型壁画。下寺中心薄伽教藏殿建于辽重熙七年（1038），面阔五间，彰显辽代建筑的简朴大气。薄伽来自梵文，意为

"世尊"，佛的十大称号之一。薄伽教藏殿一直是华严寺的藏经殿。

殿内中央佛坛上是29尊辽代彩塑：正中竖三世佛，围绕主佛，塑像分为3组，弟子、菩萨、供养童子环侍两侧，佛坛外四角有四大护法金刚。弥勒佛前左侧那尊身高2米、亭亭玉立的"合掌露齿胁侍菩萨"十分著名：赤足，头戴宝冠，面如满月，体态丰盈，曲线婀娜，合掌露齿微笑。其他几尊胁侍菩萨像也有婀娜纤腰的女性特征。

有云冈石窟研究学者认为这尊菩萨与云冈石窟第8窟明窗西内角上的供养菩萨如出一辙。露齿微笑的菩萨像云冈已有，辽代是沿用。

出华严寺向南走不远是南城墙内侧的善化寺。善化寺前身是唐开元寺，金时重修成为北方重要寺院，当年很多重要佛事活动都在这里举行。

善化寺门前有座精美的五龙壁，原是兴国寺山门前照壁，1980年拆迁时改立在善化寺前。五龙壁高7米，中部雕5条四爪金龙。正中的金龙是五龙壁核心，龙头向前，龙尾摇摆，两侧二龙对称。五龙壁在山门外小广场中间，从各个侧面都可以观赏到它的雄姿。

善化寺现存主要建筑有山门、三圣殿和大雄宝殿。山门据说是我国现存最大的佛寺山门，面阔近30米，深10余米，殿内有明塑四大天王。

三圣殿建于金天会六年（1128），也称"过殿"，因供奉毗卢遮那佛、文殊菩萨、普贤菩萨，合称"华严三圣"而得名。殿面阔五间，单檐庑殿顶，前檐下华丽的斜拱是金代典型做法。减柱法使殿内空间开阔。殿内金大定十六年（1176）《大金西京大普恩寺重修大殿记》，由南宋使者朱弁撰写。这位著名大儒朱熹的叔祖被金人滞留大同，在寺内开私塾14年，碑文记录下当时古寺修缮过程，成为善化寺现存最早实物资料。

三圣殿后的大雄宝殿是善化寺主殿，3米高台基上，气势恢宏的大殿如展开双翅的大鹏，大雄宝殿是辽代建筑，金代重修。殿内佛坛上是泥塑金身五方佛，弟子、菩萨侍立两旁。两侧二十四诸天王是文臣武将形象，均高3米，较华严寺大雄宝殿明代护法神艺术手法更为灵活。

薄伽教藏殿弥勒佛前左侧的"合掌露齿胁侍菩萨"

华严寺和善化寺是大同市区宏大的古寺，也是当今还能感受到辽金气魄的地方。近年来古寺进行大规模修缮，部分原有建筑得到重建。

鼓楼东：九龙壁和梁思成纪念馆

大同也称"龙壁城"，在众多的龙壁中，大同九龙壁名气最大。

九龙壁在城内和阳街路南，是明太祖朱元璋第13子朱桂代王府前的照壁，东西长45.5米，高8米，厚2米，是我国现存三座九龙壁中的"老大"，山西琉璃制作的高超技艺尽在其中：用色有孔雀蓝、绿、正黄、中黄、浅黄、紫等，由426块特制琉璃构件拼砌而成。须弥座上是9条琉璃壁龙，壁身下是青绿色的汹涌波涛的海水，上部有蓝色云雾和黄色流云。正中坐龙正黄色，正对王府中轴线。中心龙两侧的第一对龙浅黄色，第二对龙中黄色，第三对龙紫色，第四对龙黄绿色，9条巨龙体态雄健，鲜活欲出。照壁东西两端是旭日东升和明月当空图案，壁前是石栏围绕的倒影池。

如此的精美，只是王府的门前照壁而已，明代王府邸自然是富丽堂皇。

和阳门护城河外侧是宽达200米的绿地公园。绿地中设计两处下沉式广场，南北各有一处三进仿古院落。南侧院落现在是平城记忆馆，展出大同历史老照片，反映大同的风土民情和

九龙壁

现代变化。北侧院落是梁思成纪念馆。这是全国较早成规模的梁思成纪念馆，有很多珍贵的图片和资料。参观者可以了解梁思成和林徽因夫妇的学术成就和他们的古城保护理念。2008 年以来，大同"一轴双城"计划采纳了 20 世纪 50 年代梁思成和陈占祥为北京提出的"保护古城、建设新城"方案。

五台山内外

五台山佛教发展在唐宋时期达到鼎盛。经过千年变迁，如今的台内和台外地区还留存下众多极具历史意义和文化艺术价值的古刹。

佛教圣地

五台山是历代佛教徒的圣地。作为世界文化遗产，去五台山也是山西之行的必选。

盛夏的晋北大地，天气凉爽。从五台县城去五台山还有 100 公里路。越靠近五台山，气温越低。沿着源自五台山区的清水河逆流而上，进入狭窄的山谷，再向上就是台怀镇。南山寺桥到了，大部分搭乘长途车的老乡都在这里下车。

盛夏的五台山，蓝天白云，空气透明度极佳，午后最高温度在 25 摄氏度以下。难怪古人称之为清凉山。五台山佛教最初发端在佛教东传的东汉初年。据说台怀镇西侧山形与古印度灵鹫山类似，这座新寺被称为大孚灵鹫寺，就是现在著名的显通寺。显通寺有各类建筑 400 多座，殿堂、厢房布局完整，中轴线明晰。看点是五台山最大的殿宇大文殊殿、无量殿、铜殿和铜塔。大文殊殿殿内供 7 尊文

殊，居中大智文殊为木雕，两侧不同寓意的文殊为铜像。殿内有清乾隆和光绪御笔匾额。

明代的无量殿白色外墙，庄重典雅，楼阁式建筑外立面上有仿木斗拱和出檐，二层出围廊可环视四周。内部居中是明代毗卢铜佛，东侧是 13 层元代木雕佛塔、西侧是木雕药师佛。木建筑群中的白色石殿很吸引人。

明代万历晚期建造的铜殿被安置在无量殿后的汉白玉基座上，看上去两层，实际是一层，重檐歇山顶。内部供密宗文殊菩萨像，四壁上密布号称总数上万的小铜佛，形成所谓"万佛朝文殊"的景象。铜殿内外都有金箔包裹，精美华贵、熠熠生辉。铜殿前万历年间照壁上大书"清凉妙高处"。铜塔与铜殿同期建成，暗喻五台山的五大山峰。黄色的高贵和白色的肃穆，使此处成为台内古建的亮点。

塔院寺在显通寺南边，原是显通寺的塔院，明代重修舍利塔后独立成寺，因院内的大白塔称塔院寺。高耸的白塔是五台山重要标志，通高 75.3 米，是明清时期重要的喇嘛塔。垂檐底端风钟和塔腰处的风钟共 252 个。

显通寺北侧的灵鹫峰上是菩萨顶。从下往上要爬 108 个坡度极大的台阶。传说文殊菩萨居住在山顶上，起名叫菩萨顶，也叫文殊寺。历代多次兴废，清顺治时大规模重修后改为喇嘛主持的黄庙，有殿堂房舍 430 余间，是五台山最大的黄庙。参照清宫模式采用三彩琉璃瓦、青色细磨砖，豪华程度居五台山各寺之首。康熙、乾隆来五台山都住宿于此。

五台山按佛教传承不同，寺院分青庙和黄庙。青庙也叫和尚庙，僧侣大多是汉族，一般穿青灰色僧衣，称青衣僧。五台山大部分寺院属于青庙。黄庙也叫喇嘛庙，属于藏传佛教。信教喇嘛穿黄衣、戴黄帽，被称为黄衣僧。显通寺东边的罗睺寺，也是一座黄庙。寺内藏经阁内除存放经书外，还有一尊端坐在微微张开莲花瓣上的佛，即五台山十大胜景之一的"开花现佛"。

五台山近年来香火最盛的不是菩萨顶也不是大螺顶，而是五爷庙。五爷庙主供广济龙王菩萨。传说这位菩萨神通广大，每天一大早，很多人摸黑来给"五爷"上第一炷香，求个好兆头。心愿实现，还要来还愿。

显通寺的铜殿、铜塔

龙泉寺的汉白玉石牌坊

　　龙泉寺在民国初年重建，寺门前的汉白玉石牌坊在五台山最有名，牌坊多年才修建完成，工匠在牌坊上精雕细刻，数十条蟠龙环绕，无论从整体还是细节看，这座牌坊的设计、雕刻工艺都堪称经典。东廊下一口弘治年间铸造的大钟满是锈迹的表面上，"皇帝万万岁"五字历经 500 年依然清晰。石牌坊风采依旧，蒲团上小狗酣睡，殿前鲜花怒放，门房里的和尚在高声念经，门前小贩在卖力吆喝，我从牌坊走过。类似的场景循环往复，只是具体的人和事不同罢了。

台外幽兰

　　明清以来台怀镇核心区之外的众多古寺渐被遗忘。而已知存世最久的唐代建筑、一大批元代以前古建幸存下来，历史和文化价值丝毫不逊台怀。这里清冷的氛围，更符合亲近自然、潜心修行的理念。近年来，台外古建文化似乎被人们再次"发现"。

佛光寺

　　1937 年 6 月 26 日，梁思成、林徽因和同伴们来到现实中的佛光寺考察。测绘摄影工作完毕后不久，七七事变爆发，全部图稿费尽周折终被带回北平。他们在殿内梁架和殿前经幢上发现了唐代纪年和东大殿创建的重要历史信息。同时，他们还考察了殿内唐代佛像群和壁画以及包括金代建筑文殊殿在内的佛光寺其他建筑文物。在沉寂多年后，佛光寺终于迎来了这次划时代的伟大"发现"。

　　他们确认现存东大殿建造时间为唐大中十一年（857），这是第一座被发现的中国唐代木建筑，打破了当时日本学者认为日本以外不存在早期木构建筑的论断。这次中国文化史上的重要发现，使千年佛光寺的魅力重回人间。佛光寺留存至今的唐代遗迹中，建筑、雕塑、壁画、题记被称为"四绝"，具有无与伦比的人文价值。现在，梁、林的发现故事已成为佛光寺乃至中国建筑史上不可或缺的内容，他们的人生和佛光寺本身都已成为不朽的传奇。

位于五台县豆村镇的佛光寺，山门朝西，而不是常规的朝南。佛光寺始建可追溯到北魏孝文帝时期。唐武宗灭佛时，佛光寺大部被毁，只有祖师塔幸存。后来，佛教复兴，佛光寺重建。如今半山坡上的佛光寺，东、南、北三面环山，建筑格局坐东朝西。全寺现有依山就势逐层上升的阶梯状三进院落。各类古建中的东大殿为唐代建筑，文殊殿是金代建筑，其余为明清建筑。

古寺背靠青山，树木茂盛，芳草萋萋，山崖边高台上古松掩映下就是气势不凡的东大殿。民国时期殿前增建窑洞，中间开一很陡的石阶，登上去可以看到稳稳端坐的东大殿。东大殿面阔七间，进深八椽，柱头斗拱双抄双昂七铺作，有隐刻拱，补间斗拱双抄五铺作。柱头卷杀，覆莲柱础巨大，外柱目测侧脚、生起等均明显。单檐庑殿顶，屋坡舒缓，青瓦铺就。脊兽用黄、绿琉璃烧制。居中五间开板门，两次间有直棂窗。内部梁架四椽栿接前后乳栿通檐用四柱。大部分平棊（天花板）尚存。东大殿用材之大，等级之高，是精心谋划之下的重大工程，选用当时最

佛光寺前檐下铺作层形制

上乘的工匠，建造起如此传世杰作。

梁思成评价东大殿"斗拱雄大，出檐深远"，是唐代建筑典型代表。东大殿斗拱断面尺寸是晚清时期斗拱断面的10倍。殿檐出探4米，宋以后木构建筑中再无如此模式。整座大殿外观稳重、古朴，巨大的斗拱、深远的出檐增添了雄浑的气势。

殿内有一圈内柱，佛坛后面有扇面墙保护。佛坛上30多尊佛像相对完好。

建筑、塑像、斗拱、梁架、藻井、雕花柱础，这些1200年前的晚唐遗物对走进大殿的每个人都产生强烈的视觉和心理的震撼。可以想象梁、林二人当时的兴奋和激动。林徽因在梁架上发现了功德主题名："佛殿主女弟子宁公遇"。这与殿前经幢上的一位施主名字一样。平台南侧一角，被巨大天王像挡住的谦逊贵族女性塑像被人们普遍认为就是出资建殿的施主宁公遇像。出资捐建如此规模的大殿，宁公遇的家世一定不是普通人家。但传世文献里没有她的更多记载。

梁思成先生说："在这同一座大殿里，我们找到了唐朝的绘画、唐朝的书法、唐朝的雕塑和唐朝的建筑。个别地说，它们是稀世之珍，加在一起它们更是独一无二的。"

佛坛上存35尊彩塑：释迦牟尼佛、弥勒佛、阿弥陀佛，以及普贤菩萨、文殊菩萨和胁侍菩萨、金刚等塑像，施主宁公遇和主持和尚两像，比其他33尊体量小。大殿山墙下有明代500罗汉像现存296尊。东大殿栱眼壁和佛座后残存唐代壁画60多平方米，内容取自佛教故事。

文物工作者在门板墨书里发现多条唐人游记，据此这木门也是唐代遗物，千年的木门应该也是中国之最。殿内梁架上存多条唐人题名："敕河东节度观察处置等使检校工部尚书兼御史大夫郑""功得主故右军中尉王""佛殿主上都送供女弟子宁公遇"。

东大殿南侧有座六角形砖塔。下层空心，西面开门；上层实心。梁思成认为这是建于北朝的祖师塔。东大殿前经幢立于大中十一年（857），总高3.2米，上刻佛顶尊胜陀罗尼经，尾部铭文有"女弟子佛殿主宁公遇"，与殿内梁架上的题名相印证，是确认大殿建造年代的珍贵证据。

据记载，9世纪初法兴禅师在佛光寺建成一座三层九开间的弥勒阁，供奉72佛像、八大龙王，是当年的标志景观，敦煌壁画中的佛光寺形象就有这座消失的大阁。现存的东大殿已让人无限崇敬，难以想象当年佛光寺全盛时会是怎样的宏伟场面。对于大唐文明，我身不能至，而心向往之。

佛光寺的第二重量级国宝是北侧的金代建筑文殊殿，建于金天会十五年（1137），面阔七间，进深八椽，柱头斗拱单抄单下昂五铺作，单檐悬山顶。耍头为昂形。中间三间补间出斜拱。使用减柱法，内部金柱只有四根，内部空间十分开阔。中间三间为板门，梢间直棂窗，尽间为墙。

当中佛坛上7尊塑像，居中的是骑青狮的文殊菩萨，两旁是胁侍菩萨。两山墙壁上原绘有五百罗汉彩画，现已不全。塑像和壁画在明弘治年间重装过。在其他地方，金代建筑肯定是第一保护对象，但在佛光寺，文殊殿只能屈居第二。

寺院三面环山，站在寺后东山上俯瞰，视野开阔。山坡上尚存多座历代和尚塔，以唐代的4座最为珍贵。

东山坡上的唐塔有3座。

无垢净光塔：天宝十一年（752）建，

东大殿的飞檐和斗拱

八角形，束腰须弥座，塔残坏，塔内曾出土汉白玉雕像，是建塔时原作。

志远和尚塔：会昌四年（844）建，八角形基座，上砌圆形覆钵式塔身，西向辟门。这种形制的唐塔是国内孤例。

大德方便和尚塔：贞元十一年（795）建，六角形，通高4米，西向辟门，塔刹残坏。门外北向有塔铭刻石，字迹依稀可辨，还是唐代旧物。

西北山坡上的解脱禅师塔建于唐长庆四年（824），平面呈方形，共两层，总高约10米。基座束腰须弥座式，塔中空，南面辟券拱门，塔顶宝珠不存。旁边还有座漂亮的金代花塔。此外在西北塔坪上还有其他几座古塔。

天空湛蓝，朵朵白云在东山背后升腾起来，好似壁画里的祥云，慢慢笼罩在雄伟的东大殿上。

近年来越来越多的文化爱好者对山西古建，特别是早期建筑产生兴趣，拜访佛光寺品读文化，这个现象对传承传播传统文化遗产是有益的。

东大殿内残存的明代壁画

南禅寺

20 世纪 50 年代文物工作者发现，同在五台县的南禅寺大殿比佛光寺东大殿建造时间还要早 75 年，成为现存已知最早木建筑。南禅寺大殿唐构，内有唐代佛像，但从体量上和规模上看，东大殿更有代表性。

从佛光寺前往东冶镇李家庄村边的南禅寺，汽车在山路上至少需行驶 40 分钟。村外土岗上的南禅寺，南北长 60 米、东西宽 51 米，西院主体建筑大佛殿是唐代原物。

这座体量很有限的建筑，却让观者感到沧桑古朴扑面而来，是来自大唐盛世的底气。

大佛殿面阔三间，进深四椽，平面近正方形，单檐歇山顶，柱头双抄五铺作，卷杀明显，柱础素面，角柱侧脚升起均明显。补间施隐刻，无普拍枋。大殿外有 12 根檐柱，殿内无天花板和柱，梁架简单，板门、直棂窗上无装饰，屋脊两端是

南禅寺大佛殿

鸱吻。

殿内一平梁上墨迹："因旧名时大唐建中三年……重修殿法显等谨志"，推算重建于唐德宗建中三年（782），殿内佛像与殿宇应为同时建造。

唐武宗会昌五年（845）灭佛，佛寺大多被毁，偏僻山沟里的南禅寺在任何县志、佛教经籍上全无记载，幸免于难。在历代修缮中，唐代大殿结构和塑像奇迹般地被保存下来。现在屋顶上的鸱吻是按照古画中的样式复原的，仿佛两只对头相望的小鸟在对视打量，为古老的殿宇增添了活力和喜气。

殿内佛坛上的17尊唐代塑像，以释迦牟尼佛像为中心，佛坐莲台，背光完好，两边是文殊、普贤菩萨。弟子阿难和迦叶分立两旁，凝神注目，虔诚而恭谨。胁侍菩萨亭亭玉立，护法天王威武健壮。这组唐代塑像面形丰满，衣饰华丽，神态自如，堪称珍品。

秘密寺

从名字上来看，台外古建群里的秘密寺无疑是很有诱惑力的。

一年清明，我们过鹅岭隘口时突降鹅毛大雪，正应了鹅岭之名。十分钟内，公路和山川均被白雪覆盖。开出60多公里后到达岩头村，村民说岔口右转是秘密寺路口，再上去还有两三公里蜿蜒山路。路被大雪掩埋，汽车不能再开，我们开始徒步。山谷里的风夹杂着雪花吹得人站立不稳。地上积雪已有几厘米厚。来秘密寺前搜集资料，竟没有看到一篇具体描述，我们就来做这第一次的全程记录者。这场清明时节的大雪好似是古寺对我们的考验。沿喇叭口形状的小峡谷深入，北侧是典型的嶂石岩地貌，十分险峻。山头被团团乌云笼罩，仿佛有神怪出没，看起来有些恐怖的山崖就是秘魔岩。

走到第3个拐弯处时，忽然发现风雪小了。继续前行，左前方路边出现一处塔影，这座六角三层砖塔，高约10米，仿木斗拱，底部砖雕花卉和佛传故事，涅槃图还很清晰。塔身嵌明万历塔铭《秘魔岩秘密寺修建普通宝塔碑词记》。

说到秘魔岩的名字和秘密寺的来源，众说纷纭，莫衷一是。秘魔岩地理环境

秘密寺前的明代古塔

一定触发了当年修行者的灵感。秘密寺在唐宋时享誉佛教界，是五台山十大寺之一，明代外九寺之一。传说秘密寺为文殊菩萨命 500 神龙潜修之地，寺后龙洞大致由此传说演绎而来。有说秘密寺建于北齐，也有说秘密寺为木叉和尚所建。

风雪停了，我们来到峡谷最深处的山间小平地，居中的秘密寺好似被裹在母亲的怀抱里。寺前山坡下有座六角亭阁式塔，高约 4 米，石雕莲瓣之上覆钵塔身，上面逐层收窄，宝刹不存。上半部是喇嘛塔形式。下部石室早已空空如也，从下而上有明显的断裂。有推测塔底部是木叉和尚塔基础，上半部是元以后重修的。地上散落着宋金时期经幢残件。我拂去积雪，看到北宋崇宁三年（1104）殁故大师福全功德幢、金皇统七年（1147）预修广云塔铭、金大定十七年（1177）宣密之塔。此地还曾有座建于北汉天会七年（963）的玄觉大师塔。经幢残件高约1米，是考察地方佛教史的重要资料，弃之户外很可惜。

秘密寺现存建筑是清代所建。山门两侧是钟鼓楼，大雄宝殿内供三世佛。殿前有康熙和道光时期重修碑刻。面对层峦叠嶂的奇伟山峰，只有赞叹，不料，我的赞美得到了回应，随口而出的"秘魔岩，秘密寺"在山谷间产生了巨大回声，可以明确听到的次数有五六次。这是一处巨大的天然声学回响地。山风骤起，半山上的松涛裹挟着新雪升腾到半空中，久久不散。要说秘密寺的秘密，我想巨大的回声应该算一个。绕到寺后，半山上还有近年修复的中庵等处。从山下看，类似悬空寺，只是没有那样险峻。有小路通向大山中的夹缝处，那里有传说中的龙洞。

岩山寺

古时五台山北坡古寺众多，虽经历代天灾人祸，仍不乏精华，其中最为人称道的非岩山寺莫属。

距繁峙县城东南40公里的天岩村，在进出五台山北部古道附近。岩山寺在天岩村西，古称灵岩寺、灵岩院。据寺内现存宋代经幢推断，古寺创建不晚于北宋元丰三年（1080）。金正隆三年（1158）大规模修建，大定七年（1167）壁画完工。此后历代多有修缮。目前金代原物只存有南殿，主殿在20世纪被拆。东西配殿为清代建筑。

院里的元代广济大师塔保存尚好，题记大元二十三年，具体年号未知。古寺坐北朝南，二进院。古寺山门殿不存，山门现在改在东侧，南殿则改开北门。

南殿又称文殊殿。此殿单檐歇山顶，面阔五间，进深六椽，左右次间开直棂窗，前后当心间开门，殿内可以穿行。

南殿内居中坛上是骑狮文殊居中，左右胁侍、童子、金刚力士等，原有9尊塑像，现只残存西侧力士、东侧侍者和童子像。保存较好的是倒座观音彩塑，腿部残缺，塑像主体还在，风度翩翩，右腿半弯，右手支在膝盖上，左小腿不存，估计是自然下垂状,十分随意。观音的衣服褶皱细节流畅,面部表情安详自如。

金代木构建筑和彩塑存世很少,而岩山寺的至宝还不在此。南殿壁画是岩山寺精华。

之前曾有人在西壁南侧看到金宫廷画师王逵题记。现难以再见,估计是风化导致。

目前壁画西壁稍好,东壁次之,南、北壁残破严重。西壁壁画保存好,大多内容可识别,是以佛本行故事为基础的大型壁画。

西壁壁画中生活情节最浓烈的是酒楼市井图——宫殿群西侧的局部:繁华市井街道两边,各类商贩买卖交易活跃,有卖水、卖饼子、卖水果、盲人算卦、提笼遛鸟、顶罐等。佛本行故事里的车匿还宫和青衣卖莲两个情节被安排在这条繁华的商业道上。街上主体建筑是挂着幌子的敞轩式的歇山顶酒楼。幌子上写:"野花攒地出,村酒透瓶香。"距今800多年金代酒楼的鲜活场景如昨日清晰可见。为体现建筑的恢宏,壁画局部沥粉贴金,更添雍容华贵。

东壁壁画核心是莲台上的佛祖居中,众菩萨环列听法的场面。周围是佛本生故事题材壁画,壁画中央是一组富丽堂皇的宫殿群建筑。东壁一图景取材于《大方便佛报恩经》,讲述须阇提太子割肉孝敬父母事。

南殿西壁壁画中的市井场景　　南殿西壁壁画局部

岩山寺内景观

北壁西部是观音救难图，有海市蜃楼、航海遇难、门前迎宝、商贾被囚等场景。

北壁东部上画一座塔院，中间立一座八角七层塔，形体秀美，结构精巧，下有城墙。

岩山寺院中有几棵高大威猛的青松，由寺内尚存金铁钟铭文可知，为金正隆元年（1156）天岩村村民李旺、李记所植。

大殿原址体量应大于南殿。据说殿内原有水陆画，是为慰藉战事亡魂而建，想必应较南殿壁画更为恢宏。

岩山寺南殿西壁释迦佛立像

我忘情于岩山寺一带的山川形势，更被文殊殿内 800 多年前的图景所吸引。

秀容意外之美

忻州下辖一区一市十余县，或许是辖区内的世界文化遗产五台山名气太大，大多访客直接去五台，对忻州其他地方很少问津。其实，忻州地阔人稀，从黄河到太行山，无数遗珍散落民间，在故称秀容的忻府区外围就有一批。

金洞寺

中国佛教寺院的布局一般情况下坐北朝南、建筑依中轴线左右对称。金洞寺的奇特之处在于，各殿位置打破传统建筑格局，初看上去完全没有章法，怎一个乱字了得。

忻府区合索乡西呼延村一带山区称龙门山。据说金洞寺又名龙门寺，原由上、中、下三部分组成，只有下院金洞寺保存完好。

现在金洞寺中轴线上最北侧是高台上建于明嘉靖七年（1528）的主殿文殊殿。面阔三间，悬山顶。按常规，主殿左右配殿应面朝院内侧。文殊殿下方的配殿却与主殿一样，也面朝南。东配殿三教殿重建于明嘉靖二十年（1541），原供孔子、释迦牟尼佛、老子像。三教殿建筑时间晚于主殿，却难分主次，三教殿后墙比主殿还要靠北。

三教殿前边的普贤殿建于清康熙二十七年（1688），也是三开间悬山顶。普贤殿对面就是呈正方形的转角殿，三开间，单檐歇山顶，斗拱古朴，单抄单昂五铺作，昂形耍头，补间隐刻拱。梁架上有墨书题记，可见"忻州达鲁花赤"字样。寺内存有北宋元祐八年（1093）经幢。殿内正中一座精美两层木阁，后期彩绘颜色保持完好，栏板上有人物和花卉图案。二层匾额上书"先师佑民之阁"，上下二层内曾供神农和伏羲，现供佛像。

在中轴线南部，山门殿也是三开间，悬山顶。这座建筑被分为三部分——左右间是娘娘殿、关帝殿，中间是过道。过道正对正殿。过殿东侧是二层钟楼，西侧却没有对称的鼓楼。

金洞寺的主要建筑均为南向，除宋代转角殿为歇山顶外，其他各殿包括主殿

山坡下的转角殿

在内，均为等级较低的悬山顶。

金洞寺为何出现如此的建筑格局呢？有研究认为，转角殿本是最初过殿，寺院轴线后来东移，转角殿北侧门后被堵住。金洞寺的古建格局全国罕见。

元好问墓

"问世间情是何物，直教生死相许。"这名句的作者是金元之际伟大的文学家、史学家元好问。元好问号遗山，少年聪慧，年方十六去太原应试经过汾水河畔，听到双雁故事，顿生感慨，成就佳作——《摸鱼儿·雁丘词》。少年才子佳句传千古，直抒胸臆、大开大合的作品，表露的是真性情的赤子之心，由此遗山也是中国文学史上的一位情圣。

来到韩岩村，很容易找到近年修缮过的元好问墓。现在的元墓分两部分，靠东的是野史亭。云开雾散，夕阳的光给云朵镶了一道金边。门内树林中是一座石台上的攒尖六角翘角小亭，即野史亭，传说是元好问用来收纳资料的房屋。原物不存，如今的小亭是民国时期重建，亭内壁上有遗山画像、诗文墨迹。元好问编纂的《壬辰杂编》和金诗总集《中州集》等都是私撰，与官方修史不同，故被称为"野"。亭北正厅三间"春来轩"，壁间嵌有元以来历代名人来此诗文石刻。西部是墓区。墓道上元代石虎、石羊、石人各一对，分列两侧，居中是简朴的三间卷棚顶享殿，前后通透。后面的圆形坟冢是遗山墓，上面生出一棵长势很不错的大树来。旁边一通《遗山先生

野史亭

墓铭》石碑保存完好。

元姓本出自北魏皇家，北魏孝文帝改革时将皇族拓跋氏改为元。元好问的姓氏来历也是民族融合的例证。

九原岗北朝壁画墓

忻州城郊在十年前发现以壁画闻名的九原岗北朝壁画墓。2013 年，考古工作者对这座被盗过的墓地进行抢救性发掘。陪葬物已不存，墓道上的精美壁画让大家为之震惊。

现存墓地壁画主要分布于墓道东、西、北三壁上。东、西两壁上的壁画自上而下分为四层。第一层主题是幻象，内容是仙人、神兽、神鸟，四周环绕流云和忍冬。奇异的内容和飘逸奔放的画法体现了北朝画师们的想象力和大手笔，让今人叹服不已。有研究认为，壁画上至少有两个神兽是据《山海经》中的描述创作的，一

北壁壁画中的双柱结构大殿

个是以虎豹为食的马，被称作"駮"，体形硕大，嘴里叼一只老虎，虎皮条纹还十分清晰；另一个是食蛇怪兽"疆良"。

东、西两壁第二层的北段壁画内容是场面壮观的狩猎图，人物弯弓射箭或投掷长矛，动物有虎、豹、野猪、鹿等。第二层南段是幕僚和侍者。狩猎图中，有头戴将军帽的人在马背上正准备弯弓射箭，前方为奔跑的鹿群，其身后一人手拿令旗，好像正在指挥狩猎队伍。东、西两壁的第三层和第四层是武士出行图。

墓道北壁上的壁画绘的是一座三开间庑殿顶的壮丽门楼，前有钩阑，当心间门上有铺首、乳丁。次间半开一扇门，内各有两位戴冠或帽年轻女子，是墓室常见的"妇人半掩门"图。门两侧又各有一位双髻侍女。木构建筑中出现斜拱、双柱构造，是首次在已知墓地壁画中发现。这类双柱建筑或许在北朝时存在过。屋顶正上方有一个束腰较短的仰莲火盆，盆中有三枝盛开的莲花。左右各有一只鸟身神兽。

由于大部分随葬品被盗，一时无法确认墓主。这是座北朝晚期墓葬，壁画亮点颇多，狩猎图是已发现北朝壁画中最宏大的，第一层的瑰丽奇幻世界也属罕见。门楼图为建筑史学提供了资料。

墓主人是与北朝后期著名权臣高欢关系密切的六镇鲜卑贵族。他或许对神仙故事十分着迷，对狩猎的兴趣更不必说。地方文献记载，九原岗一带有刘懿墓和库狄干家族墓。清代刘懿墓志出现，颇有历史和书法价值。历史上，库狄干是高欢非常信任亲近的鲜卑权贵，其墓地情况一直不明，此墓主可能是库狄干。

山西的地上古建全国第一。九原岗北朝壁画墓的发现提醒我们，山西的地下文物宝库也是一样惊人。

七岩山

忻定盆地居晋北要冲，其中的定襄古名本在塞外，汉魏时内迁今地。

曹魏时忻州名新兴郡，是南匈奴五部中的北部驻地。刘渊建立的"汉"，是十六国时期胡族在中原建立的第一个政权。刘渊即是北部人。定襄、忻州相近，地

七岩山多有溶洞奇峰

貌环境相同。此处是太行和吕梁之间的平川，河流纵横，水草丰美。夏季的滹沱
河、牧马河的河边都是天然草场。定襄县城东南部是高耸的山脉。从牧马河边看
去，山峰如连绵的刀剑丛林，直指天际，有白云笼罩其间，这片山地古称南山。从
河谷海拔800米到山巅平均海拔1500米，屏障般的山体雄伟壮观。

　　定襄南山谷中，有一条沟谷因历代人文景观汇聚最为著名，即七岩山。沟谷
岩壁上有若干天然洞穴和裂隙，祖先最初在这里建造起各类祭祀之所。七岩山文

化内涵丰厚，现存文物可追溯到中古时期佛教遗存，宋元后主要是民间神明崇拜系统。

现在已知中古时期的七岩山石刻有：

西晋咸宁二年（276）西晋胡奋摩崖纪功碑

北魏神龟二年（519）比丘慧端八十余人造像记

东魏天平三年（536）创建灵光寺摩崖碑刊记

北齐天保七年（556）赵郎奴等造像记

唐先天二年（713）杨贤晟造像记

唐开元十八年（730）房涣题铭

在东魏和北齐这两处供养人题名中，可看到当时参与群体有地方家族和六州鲜卑驻军代表，是忻州本地胡族后裔和北朝后期定居的鲜卑军人联合进行的佛教活动，客观上促进了民族之间的认同和交流。

七岩山唐代摩崖造像

隋唐时七岩山佛教事业繁盛，有先天二年（713）杨贤晟造像记、开元十八年（730）房涣摩崖题铭。中唐来华的日僧圆仁也曾到访七岩寺。开成五年（840）在求法五台山后，圆仁在《入唐求法巡礼行记》卷3记述此事。

七岩山最大溶洞里有圣母祠，洞内有一钟乳石形成的泉水叫"惠泉"，最里侧有摩笄夫人像。村人把泉池称"七宝池"，据说在此池中捞出的卵石包好回家供奉，如得子后要归还石子，还愿十分隆重。这个活动称"捞儿"。

农历七月初一七岩山庙会是附近民众的盛大活动。庙会上的挠羊赛即民间摔跤，胜利者的奖品为羊。此活动显然是游牧民族风俗遗风，如今已是非遗保护项目。

宋徽宗时朝廷封圣母为"惠应圣母"。宋以后七岩山石刻中多有出资修缮圣母祠庙的记录，如大中祥符三年（1010）《七岩山娘子神记》、崇宁四年（1105）《敕赐惠应庙记》等。

七岩山险峻雄奇，颇具北方山川之雄浑磅礴，保存的历代摩崖造像和碑刻，为梳理地方文化提供了珍贵史料。

七岩山是历代文人访古探幽之所。金元之际著名文学家元好问访七岩山，有诗《同周帅梦卿、崔振之游七岩》："客路频年别，僧居半日闲。同游尽亲旧，举目是家山。世事风尘外，诗情水石间。悠然一樽酒，落景未知还。"

原平班氏故里

原平地处晋北要道，大路自原平市崞阳镇北上，经阳明堡入代县。阳明堡附近为原平、代县交界地，108国道从这里经过。国道东侧有古村班政铺村。此村与其东南侧的下班政村最初为班氏所居，故得名。下班政村之名在先，后大道边建递铺，逐渐形成班政铺村。

清时班政铺村有石匾上题"三班故里"，现已迁入原平市区碑林。

所谓三班，人们一般认为是东汉著名史学家：班彪、班固、班昭。班彪开始

立志撰写司马迁《史记》之后的西汉历史。其子班固继承父亲事业，编纂出第一部断代史书《汉书》。班固去世后，汉和帝又命班昭继承父兄的工作，续做《汉书》。

班固随窦宪北伐。东汉永元元年（89），在取得打击北匈奴战争的重大胜利后，窦宪命班固撰纪功性质的雄文以彰显武功和大汉国威，并勒石刊刻于燕然山石壁上，即后人所谓《封燕然山铭》。此铭文在《后汉书·窦宪传》和《文选》中均有收录，只个别字有出入。

难得的是，2017 年在蒙古杭爱山区，中蒙考古工作队奇迹般地发现了这一历史杰作的原物。经比对，原石上的碑文与文献记载基本一致，仅有个别字不同。

书写刊刻《封燕然山铭》一事后来成为古代典故"勒石燕然"的出处，激励无数后人努力作为，建立功勋。

班固是这一历史名篇的作者，也是中国古代著名史学家。班固名垂青史的业绩，因为《汉书》，也应有这篇《封燕然山铭》。

"三班故里"封土堆

班政铺村边田野中有三个高大封土堆。其中一大冢，高约 6 米，直径 20 米，旁一小冢高约 3 米，直径 10 米，南面约 30 米处一冢，高约 5 米，直径 20 米。

近年来各地班氏后人多来此地祭祖。

三封土堆的主人并非东汉三班，应是西汉班氏祖先。

关于班氏来历，在《汉书》里，班固对自己的家族史进行了比较详尽的描述。除去一些神话和夸大成分，基本可靠。班氏本出自楚国后裔，秦汉之际班壹在晋北娄烦定居，经营畜牧业生意而致富。

班壹孙长出仕上谷太守。汉成帝时，班壹玄孙况之女被封为婕妤，即班婕妤，为著名后妃。自此班氏迁关中。东汉时，班彪父子的籍贯均已为扶风安陵（今陕西咸阳西北）。

况子伯曾在返回长安前，去故里祭奠父祖，抚慰留在当地的宗族，朝廷命地方官员参与其事以示优容。这件事在当地引起反响被广为记录和传颂。

由此，班政铺现存封土堆可能是班伯为祭祀父祖而加固修缮过的。至于大封土堆墓主是否为班壹，尚需考古证据。

现存班政铺的高大封土堆主人并非史学家班彪父子三人，但此地确为班氏故里。讲三班故里也说得通，班家在西汉时发迹，东汉三班是其后裔中的杰出代表。

三班在古代文化史上具有重要地位，班氏故里应予彰显，《封燕然山铭》这样重要的历史作品也应得到合适的展现。

班氏故里的文化意义，在于 2000 年来的文化传承，这本身就是文明的力量，当下更应发扬光大。

金构崇福寺

朔州古称马邑，是兵家必争之地。朔州最著名古建是老城区的崇福寺。

据载崇福寺创建于唐麟德二年（665）。一说由尉迟敬德奉旨建造。尉迟敬德被后代奉为门神，在华北各地很多寺院有由其建造传说，有人统计过有 30 多处。

弥陀殿正脊上的琉璃力士像

在他家乡的崇福寺自然十分愿意利用地利来表达和一代勇将的关系。史书记载尉迟敬德于显庆三年（658）去世，明显早于崇福寺的建造时间，民间传说却完全忽视这一事实。金天德二年（1150）寺院大修后改名为"崇福禅寺"。

走进山门，穿过天王殿，二进院中间是面阔五间的二层楼阁建筑——千佛阁。它在明代以前是寺院里的藏经楼。明重修后供奉佛像，更名千佛阁。三檐双层的阁楼高 4.5 米，稳重大气中透着一丝秀丽。

三进院落中央是明代重建大雄宝殿。两侧配殿，东是文殊堂，西是地藏堂。按一般寺院惯例，文殊殿对应普贤殿，观音殿对应地藏殿，这里相对的却是文殊殿和地藏殿。

四进院核心是建于金熙宗皇统三年（1143）的主殿弥陀殿。高台基上面阔七间的大殿沉稳庄重，进深八椽，单檐歇山顶。"弥陀殿"竖匾是金大定二十四年

（1184）原物。为扩大内部空间，大殿采用当时流行的减柱和移柱法。正脊两侧是高大鸱吻，当中是将军塑像，两旁各立一尊动感十足的力士像，动作舒展，在殿下望去其身形好似空中飞人。

殿前隔扇门上门棂窗纹样众多，雕工精致。经辨认，这些镂刻透心图案有三角纹、古钱纹等15种。殿内佛坛上是"西方三圣"塑像，鎏金阿弥陀佛居中，左观音菩萨、右大势至菩萨。主像两侧是谦恭温柔的胁侍菩萨和高大威猛的护法天王。主佛的华丽背光上有栩栩如生的飞天乐伎。塑像群高低错落、主次分明。

弥陀殿墙壁保存金代壁画300多平方米，内容是净土宗的说法图，整体壁画以红绿蓝色调为主，色彩绚丽而庄重。

弥陀殿后月台相连的最后一进大殿观音殿也是金代建筑。面阔五间，单檐歇山顶。观音殿也采用减柱法扩大殿内空间。佛坛上的贴金坐像观音居中，旁边是文

崇福寺壁画

殊、普贤菩萨像。

主持当年崇福寺修缮工程的是山西著名古建专家柴泽俊。如今精美的屋脊、庄严的殿堂、保存完好的壁画、佛像等遗存，都表明崇福寺的修缮是成功的。

崇福寺门外小广场上有马邑博物馆。这里集中了一批文物精品，镇馆之宝非曹天度塔刹莫属。

崇福寺曾有一座北魏千佛石塔，又称曹天度石塔，是北魏天安元年（466）献文帝内侍曹天度倾财祈福、悼念去世亲人，在当时北魏首都平城（今大同）建造。石塔与云冈石窟同期，艺术上有诸多类似。曹天度来自凉州，是北魏宫廷宦官。仿木结构石塔高近2米，共9层，四面密布佛像，其中大像10尊、小像1330多尊。塔刹现存文物部门，在马邑博物馆里可看到复制品。

塔刹之外，马邑博物馆还有历史、陶瓷、石刻、绘画等展厅，展品中有西汉雁鱼灯、辽金石像、唐代墓志、辽代经幢等，马邑历史文化的脉络在此大体可见。

千年应县木塔

应县在五台山与大同之间，是桑干河附近的农业大县。历史上的应县以寺院众多著称，木塔所在的佛宫寺名气最大。

现在的佛宫寺前有钟鼓楼，后面是大雄宝殿、观音殿、地藏殿。最具价值的释迦塔建于辽代，其他是明清以后建筑。闻名于世的木塔建于辽清宁二年（1056），是国内现存最早的木结构高层楼阁建筑。塔高67.31米，底层直径30.27米，总重约7400吨。木塔由塔基、塔身、塔刹三部分组成，平面八角形，高9层，从外面看是5层，实际上有4个暗层。各层内部有内、外两圈木柱支撑，每层外有24根、内有8根木柱，柱之间还有许多斜撑、短柱，这样的结构好似两个相连的木套，极大增强了木塔的稳定性和抗震能力。

木塔南北各开一门，二层以上有平座栏杆，每层间有木质楼梯。凭栏远眺，

应县木塔上的"天下奇观"

可以俯瞰应县大地和周围山川。壮美的景观感染着每个登楼远眺的人，各层的匾额大多是登塔后的佳作。其中最著名的是两块"皇匾"：明成祖朱棣于永乐四年（1406）率军驻应州，题"峻极神工"；明武宗正德三年（1508）击败鞑靼，登木塔宴请立功将领，题"天下奇观"。时代最早的是金代"释迦塔"三字匾，此外还有明清两代和民国时期牌匾 50 多块。

　　与木塔齐名的是塔内发现的珍贵的辽代文物，尤其是辽刻彩印，填补了中国印刷史上的空白。文物中经卷比较多，有手抄本，有辽代木版印刷本，有的经卷长达 30 多米。八角攒尖式的塔顶上有精美的铁刹，每层檐下都有风铃。塔内各明层的佛像都是珍品。壁画主要集中在木塔底层。除前檐门道两侧壁画经后人重新描画过，其余为辽金原作。底层内槽墙壁上画六尊如来佛像，南北门道两侧的四天王像补绘于金代。大佛前后门额上的三男三女供养人壁画，衣着华丽，仪态端庄，着装

千年木塔

和发髻显露出辽人特点。各层的佛像、壁画与藻井等建筑造型，浑然一体。

在 20 世纪木塔维修过程时，文物部门发现了佛像内部放置千年的辽代刻经、写经、木板套色绢画，最让人称奇的是佛牙舍利。

千年木塔没有被天灾人祸毁灭，但确实老了。木塔明显向西北方向倾斜，底部的很多支撑立柱已经腐朽，二层的立柱倾斜和腐朽最为严重，现在二层以上谢绝参观。

木塔建造大量使用斗拱，据统计塔内有 60 余种斗拱，是首屈一指的"斗拱博物馆"。历经千年，无数地震没有使它遭到严重损坏，建筑本身就是一个奇迹。

1933 年夏天，梁思成等人前往应县，离城很远就看到一座红白相间的宝塔映照着金色的落日，梁先生为之惊叹："好到令人叫绝，半天喘不出一口气来。"

2056 年是木塔的千年诞辰，期待我们在塔下相聚，为千年木塔庆生，那一定是人间无限美好的瞬间。

木塔东面还有一座净土寺值得探访。经过一片城中村，就到了净土寺。

净土寺以金色双龙藻井和天宫楼阁造型而闻名。清雍正《应州志》卷 2《营建志》载净土寺于金天会二年（1124）创建，大定二十四年（1184）重修。目前只大雄宝殿幸存。主殿是金代木构原物，面阔三间，进深六椽，平面方形，单檐歇山顶，前檐下补间斗拱两朵。出檐较远。大殿采用减柱法，后槽只用两根金柱。大殿天花正中藻井内是高浮雕金色双盘龙戏珠，四周装饰歇山顶天宫楼阁，雍容华贵，细看转角铺作上还有角神，如青莲上寺大雄宝殿角神之微缩版。天花板上巧夺天工的藻井无疑是净土寺最大的亮点。殿内壁画应是清代作品。西北墙角两只残破石狮已看不太清面目，即梁思成先生考察时看到的"披头散发狮"。殿前有两节残石。上节雕四面佛，下节立面上有"皇侄"字样，雕《尊胜陀罗尼经》，或是金代遗物。

净土寺大雄宝殿内的精致藻井

北岳恒山和浑源

浑源南侧的恒山主峰海拔超过2000米，是五岳之一的北岳。中国古代祭祀五岳的历史可以追溯到秦汉。时代变迁，王朝更迭，五岳也曾发生变化，北岳就是一例。明代中期以前北岳的祭祀地一直在河北曲阳大茂山。明代国都在北京，为了使北岳名副其实，万历时认定浑源和曲阳两地为北岳。清顺治年间进一步把祭祀北岳定在恒山一地。

恒山，悬空寺

恒山煤炭资源极其丰富，盘山路上就可看到石壁上明显的煤层带。站在恒山主殿前南望，满山绿色中，部分山体被炸开，碎石断面十分显眼。

主庙恒宗殿入口处可见石壁上"恒宗"二字石刻。修葺良好的步道经金龙口，一棵古松如地标，紧挨山脚的小路在这拐进狭窄的山谷。山谷中，山风起，好似海浪一样的声音回响在耳边。寺庙群入口木牌坊上有"人天北柱"四字。继

悬空寺全景

续上行会遇碧霞宫、凌云阁，纯阳宫、九天宫等宫观。

右侧的崖壁上出现一处凹陷，建在其中的北岳寝宫本是恒山正殿，明代中期恒山新殿建成后改为寝宫。继续向上，爬上陡峭的台阶，眼前是明代以来的恒山主殿恒宗殿，修缮一新。有"贞元殿"匾，殿内居中是帝王气派的北岳大帝金像，两侧是四文、四武大臣像。

殿内有康熙题字"化垂悠久"匾。大殿紧挨石壁，庙前立清皇室恒山祭祀碑20多通。主殿西北处的会仙府依崖建造，供奉各路神仙。东侧是康熙碑亭。石壁上诸多古人石刻题字，如"壁立万仞""天下名山"等，都被涂成醒目的红底色。

著名的悬空寺就在恒山隧道边的山谷里。现在悬空寺名气已有盖过北岳恒山之势。早有研究认为，所谓"悬空"只是人们的视觉感受，寺院建筑受力点实际上是嵌入在山体的凹陷部位，而不是仅倚靠那些看起来并不是很粗的外露木头支撑。

悬空寺始建于北魏后期。最高处的三教殿原高出地面90米，千年来河床淤积抬高，现在的殿宇高出地面58米。全寺建筑和塑像是明清以来不断修缮后的样子。

全寺建筑悬挂在恒山峭壁上，崖壁垂直，崖顶呈倒悬之势。寺坐西朝东，寺门南向，全寺建筑自山崖南向北一字排开，渐次增高。寺院长数十米，宽约5米，有大小殿阁40余间，分三组。第一组建筑以三官殿为主体，道教之所，第二组建筑以三圣殿为主体，供佛教造像。第三组建筑以三教殿为主，供奉儒、释、道三教之祖。

悬空寺建筑特色可概括为"奇、悬、巧"三字：悬，表面看是十几根木柱支撑，其实有的木柱没有受力，真正的重心是利用力学原理，飞梁的一半嵌入坚硬的岩石；奇，悬空寺在石崖中间，石崖顶上的突出部分使建筑免受雨水冲刷、洪水侵袭。悬空寺的位置恰巧可以最大程度避免阳光照射，据测算，每天太阳照射时间仅五六个小时，对延长木建筑寿命十分有利；巧，充分利用峭壁形态立体布局，150多平方米的狭小面积内有大小房屋40间，确有"螺蛳壳里做道场"的感觉。

要欣赏全景，在悬空寺斜对面桥边最佳，如果想拍最理想的照片，应在晴天的清晨至上午拍摄，只有在那个时间段，阳光才会照到崖壁上的悬空寺。人们赞叹悬空寺的绝险和建造技巧的高超，但无法解释，为何要在悬崖上建造如此高难度的建筑。在没有任何机械设备条件下，古人又是如何完成的？

浑源县城

悬空寺和恒山名气太大，很多人不去浑源县城，直接上山，其实浑源县里还有被遗忘的"国保"单位——永安寺、圆觉寺和栗毓美墓。

永安寺，当地习惯称为大寺，始建于金。元初，浑源州都元帅高定父子在原有废墟上复建。延祐二年（1315）高定之孙高璞捐资建传法正宗殿。

前院内钟、鼓楼对峙，正中是天王殿。后院居中月台上即是永安寺主殿——元代建筑传法正宗殿。面阔五间，单檐庑殿顶。殿宇庄重大气，深广的出檐让稳重的大殿好似有翻云覆雨的气魄。屋面使用黄色琉璃瓦。

大殿外南墙上"庄""严"两个墨书大字雄劲有力，增添了肃穆的氛围。大殿对面的天王殿后墙东侧还有墨书"相"字，西侧墙上现无字，原本或应有一个"法"字。这样，院落中的"法相庄严"四字，正好与"传法正宗"殿名呼应。大

永安寺传法正宗殿

天花板上的天宫楼阁

殿后墙上还有类似大小的"虎啸龙吟"四字墨书。

大殿曾长期被用做粮库，佛像早已被毁。天花板上的天宫楼阁，抬头仰望，美轮美奂。

使用减柱法的殿内十分空旷，难忘的是四壁上的水陆画。水陆画是一种传统宗教绘画。殿内壁画现存总面积约170平方米。北壁上是高大的十大明王像。明王是佛教护法神，形象忿怒。在东西壁和殿门两侧南壁上共出现882个形态各异的形象。人神行进图分三层，涵盖各类神仙和人物，跨越儒、释、道三教。壁画创作时间，有从元代到清代几种说法。也有人认为是清康熙时在明壁画基础上补修。

永安寺斜对面不远处是小寺——圆觉寺。县志记载圆觉寺建于金正隆三年（1158），明清多次修缮。后来寺内木建筑被拆毁，只金代砖塔幸存。这座密檐砖塔共九层，平面八角形，仿木结构，塔基是高4米的须弥座，四面满布浮雕，有乐伎、武士、猛兽等形象。须弥座上的第一层南立面有内室。北侧假门采用"妇人半掩门"形式。塔顶立一只铁凤凰，既是风向仪，又是避雷针。

浑源城东另一著名文物地点是清代栗毓美墓。栗毓美（1778—1840），浑源人，道光十五年（1835）任河南山东河道总督，主持两省河务，治理水患时提议烧砖筑堤，节约大笔开支，得到道光嘉奖。后积劳成疾，在工作岗位上逝去。道光帝批准在浑源老家为他建造墓园。墓地前左右各一碑亭，亭内汉白玉石碑，一通是神道碑，另一通是道光皇帝御笔碑。墓地最显眼的是雕刻精美的汉白玉石牌坊，石牌坊分三门，左次间走马板上书"崇祀名宦"，右次间走马板上书"崇祀乡贤"，当心间上部小碑亭内竖书"谕赐祭奠"。前行过二门，甬道边是对称的石羊、石虎、石马、石刻文武各一对。永怀堂后是墓主夫妻合葬墓。栗毓美墓志铭是墓主好友，当时两广总督林则徐撰写。

栗毓美墓石牌坊

雄关漫道

雁门关下代州古城

雁门关自古闻名。北宋时是宋辽边界，明朝时雁门关成为内长城上的重要关口。关口南侧的代县古称代州，南北是连绵山脉，滹沱河东西流过，地势险要。自战国时代开始，发生在这一带的战争大小不下几十次。清代长城失去军事作用，雁门关逐渐荒废。

清晨，水洗一样的天空湛蓝，云团好似列阵的士兵向南山奔腾而去。从腰铺村向上走一个多小时，道路变成石子路，修复好的关城就在眼前。与老照片相比，崭新的雁门关楼很气派，称天险门，门额石匾上书"天险"二字。门洞地面是崎岖不平的青石板路，是明清以来形成的古道遗迹。登上关楼，两侧城墙修缮一新。四周群山上树木稀少，据说当年明军为备战焚毁了森林。关城扼守在沟通南北山谷中的最低点，守住这里，就保住了晋中乃至中原的沃野。

城楼下靖边祠内供奉在雁门关一带建功立业的历代将帅。正中的武安堂中是战国时期赵国大将李牧像，最耀眼的是杨家将群像。大部分地面建筑都是复建，只有祠堂门前的石狮和石旗杆是明代遗物。

代县县城城墙不存，十字街、棋盘状格局还在。城区里没有高大

楼房，在很多小街上都可以望到县城当中的鼓楼即边靖楼的飞檐。

边靖楼始建于明洪武七年（1374），后多次修葺。这座砖木结构的雄伟城楼，高大券洞台基上是三层四檐歇山顶楼阁。城楼高 26.7 米，加上台基总高约 40 米。楼南面悬挂"声闻四达"匾和"雁门第一楼"匾。楼北面悬挂清雍正年间巨匾"威镇三关"。另一块是罗哲文书写的"万里长城第一楼"。

城楼内部梁架用材巨大，楼中有座如五台山的唐代石灯台，出土后移到楼上保存展示。有木楼梯可登上第二和第三层。两层都是全木楼板，内部十分开阔。楼外有围廊，可以观察县城内的一切：朝北，句注山巍峨起伏。向南，五台山北坡是如此之近。环顾鼓楼的四条大街延伸到城外，城内基本没有看不到的地方，这是古人控制城市的最佳地点。代县城区没有大兴土木，边靖楼上的视野还和几百年前修建时一样。南北都是群山，南边不远是滹沱河。清代焦茹敏《谯楼远眺咏》写道："日暮凭栏无限意，落霞飞映远天红。"非常符合此刻的意境，或许也是诗人在类似场景下的即兴佳作。

在城楼上东望，可见一佛塔塔尖，那是阿育王塔。这座塔始建于隋仁寿元年（601），原木构，元初改为喇嘛塔式砖塔。塔高 40 米，与边靖楼几乎等高。顶部

代县边靖楼上俯瞰县城

结构与北京的北海白塔类似。县城内西南部是另一全国重点文物保护单位代县文庙，坐北向南，分前、中、后三院。门前存两座牌楼。长廊下安放名家书法碑刻和石刻残件。文庙大成殿面阔七间，单檐歇山顶，琉璃瓦顶。东配殿里展出部分当地出土文物。

广武古战场

句注山以北，地域开阔，雁门关南，山谷纵横，土地肥沃，更适农耕。

从雁门关去朔州的班车通过雁门关外的新旧广武城西去。两古城前就是古战场。新旧广武城之间有大运高速新广武出口，交通便利。但旧时，跨越句注山进出晋北必须要从山中的东西两峡谷间通过，新广武扼守东谷北口，旧广武控制西谷北口。

明长城在新广武段专门修建两道城墙，将古堡包裹其中，古堡北墙就是长城。南墙跨越沟谷，建有一座水关。过去进入雁门关的道路，是沿着这条山溪沟谷而行。如今新广武段的长城和城堡因洪水泛滥，被毁大半，历年来人为破坏，已看不出完整面貌。

相比之下，旧广武是幸运的。这座辽金时期就出现的古堡，明后期城墙包砖。近年来，当地又对残破墙体进行维修。2006 年，旧广武城成为第六批全国重点文物保护单位。

从公路边就可看到伟岸的墙体。旧广武城南北长约 500 米，东西宽约 350 米，高 8 米，内部夯土，外层砖砌，有垛口、望洞和射孔，马面，开东、南、西三面门，无北门。城门上的门楼早毁。三门都是砖券拱门，宽 4 米，深 13 米，木质板门尚存。拱门外墙上均有砖雕、石匾，可惜已无法辨认字迹。西门北侧墙体上有棵顽强生长了几百年的老榆树，生机勃勃，村民时常祭拜。

城内街巷格局还基本保持旧貌，东西南北四大街交汇之地是古城中心点，那里的小广场过去曾有戏台。

　　在古城里能看到村后山上逶迤的猴儿岭段长城。如今新的水泥路已修到长城脚下。长城外侧有一座巨大的圆形烽火台，只剩下夯土，是瞭望旧广武城最佳地点。向上 1 公里是著名的"塞外之门"——"月亮门"。这是当地人的昵称，其实是一座敌楼垮塌后残存的门洞。几公里外的旧广武城、新广武城、汉墓群一览无余。一望无际的北方原野，能见度足有几十公里，站在这里，豪情油然而生，千百年来，多少改变历史风云的战阵就在眼前，真是天造地设的绝佳战场。一将功成万骨枯，无数墓穴荒冢，是无情战争的见证。而今，一切化为历史的硝烟，随着长城边的清风，在眼前飞速滑过。

　　继续上行，会看到一座保存尚好的敌楼，上有明万历年间石匾。之后经"九窑十八洞"，由西边箭窗向外望去，白草沟中的行旅清晰可见。经壮橹楼、天山楼、分界楼到达猴儿岭峰巅摩天楼。自摩天楼西行边墙损坏严重，需手脚并用，经七眼楼等险峻处至最后一座敌楼，即到达这段长城徒步线路的终点白草口。

广武段长城上的"月亮门"是敌楼坍塌后残破的门洞

旧广武过去寺庙众多，据说有 18 座。主街上曾有木牌楼一对，这些都已荡然无存。村小学两棵古柏树据说已有千年，号称雌雄树，是佛爷庙旧物。

晋北一带自古以来就是农牧并举的地方。每当年节，旧广武民俗活动里朔州踢鼓秧歌很有名。喧嚣的鼓点，如战阵的队伍，不免让人联想到这原本是军事要地。据统计，在广武一带发生过的历代战争大小几百场。新旧广武村北侧旷野上，成百上千的古墓，是著名的广武汉墓群。两汉时，这里是汉朝军队对匈奴作战的重要基地。

在内长城沿线，民间俗称的六郎城有多个。但史书中确实记载一次战斗中杨业曾出西陉口，侧击雁门关前辽军取胜。应该就是从这里进旧广武，进攻新广武一带的辽兵。六郎城沟谷一侧的东部夯土墙断续尚存，西部山崖一侧夯土较为高大，可分辨出多个马面形状。南部山上有明烽火台。

文物工作者曾在这里采集到北齐布纹瓦、辽金时的黑釉和白釉瓷片，明代瓦片等。据此认为这里是北齐神武县城所在。依据是清光绪《山西通志》认为北齐神武县在此设置，北周、隋延续，唐代省并，辽代复置。此说有武断之处。

不管是否是神武县城所在，六郎城在北齐时是山前设置的一处据点，宋辽时曾继续使用。民间所谓六郎城，却曾是杨家将的敌人——辽军所用，确实有些滑稽。

风起，我站在六郎城上，眼前的旧广武城是那么清晰。1500 年前西陉口上值班的北齐武士也是在此巡视山川。历史的风沙已渐渐远离六郎城，我们的记忆却不能停步于此。

河曲河灯会

清代中期随着商业恢复，黄河峡谷航线活跃起来，黄河岸边的老牛湾堡、河防堡等明代长城堡垒，逐渐转为商贸之地。其中河防堡市井最为繁华，乾隆二十九年（1764）河曲县治从山上的老城迁此。

河曲县城别称鸡鸣三省。城西是西门外的黄河码头，当地人称西口。大批物资在这里交易、转运。清代中后期，大批山西人走向西北，开拓生计。走水路的大多是从河曲西门码头登船北上，从水路进入西北的主要出发点是河曲，陆路则多取杀虎口一线，这一水一旱码头是"走西口"的重要枢纽。

黄河经过河套后转头南下，切入深邃的晋陕大峡谷。在交通不发达的时代，我们的先民逐渐摸索航道，运作峡谷航运。当年水道之险，并不比三峡差多少。

河曲段黄河左岸淤积形成沿岸平地，出现一些码头和定居点。明代外长城在黄河峡谷这一段就建在这片河边平地上，自老牛湾堡直到河曲，与黄河并行而下几十公里，出现"以河为堑"的奇观。

天然的黄河航道十分凶险。商贸越发达，出险概率就越高。更不用说出塞后的艰辛和不测。不少人走出去没有回来，音信全无。或许可以解释从明中期开始，地方官在河曲渡口主持祭祀大禹的缘故。河曲的放河灯活动结合了传统神灵崇拜、

西门古渡口放飞孔明灯

佛教盂兰盆会，历经几百年，成为这里最盛大的民间节日。

农历七月十五，这天即河灯节。此时，人们放河灯怀念逝去的先辈、为身边的亲朋好友祝福。

明万历《河曲县志》记载明弘治十三年（1500）知县李邦彦率众祭奠大禹，放河灯。清代禹王庙等建筑建成，祭祀活动更为规范。七月十五河灯会前后三天，人们在这里祭拜、看戏酬神、生意往来，十分热闹。这或许是河曲一年里最热闹的几天。

河曲河灯会体现黄河文化特色，是晋陕蒙三地交界地带最盛大的民间活动，2008年6月7日，进入第二批国家级非物质文化遗产名录。

河灯燃放，一只只白色小灯摆开一字长蛇阵，在黝黑的河水里顺流而下。人们还可以放孔明灯。祝福、爱意、健康、和睦，代表这些含义的词被写在灯的外罩上。人们认真地写、认真地点亮、举起，让心中的灯闪亮而上！逐渐，西门古渡口上放飞的孔明灯光竟如星星点灯，照亮了漆黑的夜空，也照亮了每个人的心房。

老牛湾胜境

老牛湾堡在明外长城沿线自东向西与黄河交接处，号称长城和黄河握手之地，确是恰如其分。

偏关和宁武关、雁门关合称明长城上的"外三关"。如今老城格局七零八落，南城楼外是喧闹的市场。我登上城楼看对面山势，确有东仰西伏的样子，像一个人偏头而视。偏关之名就是由此地形而来。南寺街附近有张氏节孝牌坊。清咸丰七年（1857），朝廷为表彰樊蕴辉之妻张氏而立。三楼牌坊砖石结构，仿木歇山顶。当心间开券拱门，券门石上雕花精细，次间上雕孔雀。牌坊外有拴马桩2对。门额石匾上刻"巾帼完人"四字。距牌坊不远，小巷口有座阁楼，二层上的木构是卷棚歇山顶，内供文昌君和财神，下有门洞，作为通道。

老牛湾古堡建在峡谷左岸凸出河道的台地上，《山西通志》载："明成化三年

老牛湾古堡

（1467）总兵王玺筑墙，崇祯九年（1636）兵备卢友竹建堡。堡周一百二十丈，高
三丈九尺。"当年老牛湾配置150名军人戍守。清代长期有几十名士兵守卫。城堡
三面是悬崖，只在南面平缓处开一南门进出，外有瓮城，瓮城门向东。门侧是崇祯
九年的"老牛湾堡"题名碑。入南门，绕过影壁墙，石阶路东边是三开间硬山顶前
出廊的关帝庙，对面倒座戏台。廊下靠西侧石碑是雍正七年（1729）所立《重修关
圣庙碑记》，记录重修过程，文后是捐款名单。值得注意的是，捐银16两，居名
单第一的是公主府侍卫黄忠。此地能有公主府侍卫眷顾，必与公主府有渊源。路西
侧是合用山墙的观音庙和真武庙。上行，左边是坐西朝东的大仙庙。古堡西北角还

老牛湾墩台

有座建在大青石板上的三开间马王庙。古堡东侧的悬崖上还有豆王庙、奶奶庙。

烽火、商业、水运叠加在老牛湾几百年的历史背景里。古堡里有块四公主德政碑，上书"坤道其棠"，正题"四公主千岁千千岁德政碑""老牛湾关属耕种草地人等公举"。据说此碑原在河对岸清水河县单台子乡的老牛湾村，后来库区淹没后移到古堡里。四公主是康熙帝和硕恪靖公主，当时清朝廷为与漠北蒙古喀尔喀部巩固关系而和亲。康熙三十六年（1697）四公主时年19岁，嫁给喀尔喀土谢图汗部郡王敦多布多尔济。四公主在清水河县多年，曾在当地开垦农田给走西口的民众，使普通百姓受益，史书中多有记载。此碑和对岸清水河县境内的几通德政碑是此事的实物史料。原来关帝庙石碑上的黄忠就是四公主千岁殿下的侍卫官。

四公主德政碑北侧矗立着高12米的砖石敌台，南侧高处开一小门可以进入，墙体上嵌石匾，书"老牛湾墩"四字。当地人称望河楼、护水楼。匾上年款"万历岁丁丑夏"。士兵可以站在上面瞭望四周山川。时间过去了400多年，我就站在墩台前，看黄河自西北方向而来，东北方向的杨家川沟在眼前汇入黄河。老牛湾堡下的巨大岩石如钉子一样楔入交汇处。墩台屹立在山、水、堡交融的焦点上。随着几十年前万家寨水利枢纽工程投产，大坝出平湖，过去激流涌动、血气方刚的黄河在这里仿佛变成了温柔的姑娘。

边塞右玉

外长城著名关隘杀虎堡是由杀虎堡（旧堡）、中关、平集堡（新堡）组成的连环堡。靠北的杀虎堡建于明嘉靖二十三年（1544）。万历四十三年（1615）在杀虎堡南百米外兴建规模相同的平集堡。后来在中间筑墙，两堡连接形成一个整体。清代《朔平府志》载："杀虎口乃直北之要冲也，扼三关而控五原，自古称为险塞。"杀虎口博物馆展示杀虎口地区的历史风貌、文物遗存和西口民俗风情。杀虎口地区的麻氏家族出了30多个总兵、将军，战功赫赫，右卫城内曾有为麻家将领们竖立的"四代一品""父子元戎"等多座表彰战功的石牌坊。

杀虎口是中原与西北贸易的必经之路，清中期，杀虎口每天关税进账"斗金斗银"，是晋商福地。清末民谣说："东有张家口，西有杀虎口。"南门洞上石匾上书"平集堡"三字依稀可见。夯土残墙内被开辟为耕地，还有牛羊觅食，夕阳下，苍茫大地沧桑尽显。

南门外大道上有明代广义桥，桥下河水早已干涸。古人走过的石桥坑洼不平，栏杆上的石狮被岁月侵蚀的面目模糊，连同几百年来发生的过往烟云，悲欢离合，时而模糊，时而清晰。

杀虎口内被开垦为农田

广义桥

　　农牧业发达的右玉地广人稀，全县人口只有 10 万，我认识右玉是从无处不在的绿色开始的。20 世纪 50 年代开始，几代右玉人用自己的双手和愚公移山精神，让昔日的不毛之地披上绿装，被称为"右玉精神"。现在的南山是绿色的海洋。这里最有名的树是"小老杨"，几十年树龄的杨树只有两三米高。

　　右玉得名来自明朝在此地设置的两个卫所——大同右卫和玉林卫，当时的右卫城就是现在县城以北的右卫镇，从这里向北是杀虎口。晋蒙分界大体就是以明外长城为基础划分的。右玉一带长城城堡尤为密集。当年大批军队和官吏常驻右卫，使这个边塞小城保持了几百年的繁荣。右卫镇城墙基本完好，四面各有一座城门。北墙外沙丘与墙体等高，是风沙侵袭的例证。如今这里已被植被覆盖，成为防风治沙最好的教育基地。城内建筑大多是低矮的老式民房。南街上有晋北实业银行旧址。右玉著名寺院宝宁寺始建于明景泰年间，清康熙时重修。寺内的 136 幅水陆画是现存最全水陆画，意在祈盼边境安宁。

晋北实业银行旧址

左云八台子

左云和右玉的名字，好像一对孪生兄弟。它们都来自明代卫所省并之后，本无其他深意。既然得名自明代卫所，自然左云的历史和明长城是无法分开的。

左云段长城地处边塞，海拔 1300~1800 米，敌台 80 多个，多为方形，防御体系严密，大部建于明成化、嘉靖、万历时期。主要城堡有保安、灭房、威房、宁房、云西、左卫、三屯等。左云段长城近年来最吸引人的标志性符号是被摄影和户外圈熟知的八台子圣母堂遗址。

从管家堡高速出口下高速不久抵达宁鲁村，即是明宁房堡所在。穿村北行，公路北侧小村是八台子。据说八台子之名来自周围八个较大的长城烽火台。

村北坡上，赫然矗立一座哥特式尖顶砖楼，典型的西方教堂建筑风格，这就是八台子圣母堂仅存的遗址。它背后的山头上，连绵起伏的是外长城边墙。这段山西外长城，不仅是中国古代史的见证者，还是近代以来东西方文明冲突、融合的见证者。

砖楼是旧时教堂钟楼建筑。在砖楼里抬头仰望，穹顶上的蓝天和侧面气窗的光线，让整个建筑笼罩在光影里，炫目绚烂。前后拱门的弧形组合成优美的线条。楼后地面上可见残存柱础。

据县志等资料记述，八台子圣母堂初创于1876年，当时西方传教士自大同来此传教，逐渐建立起可容纳几百人的教堂和附属建筑几十间。1900年教堂被毁。1914年教堂复建，在随后的战乱浩劫中败落，逐渐成了现在的样子。

八台子圣母堂钟楼遗址局部

八台子圣母堂曾是左云一带最重要的传教场所，内蒙古丰镇、集宁教民也多来此参加活动。

教堂与长城为伴，中西合璧的交汇点，聚焦于名不见经传的八台子村。文明的冲突与交融尽现于此。抚今追昔，感慨不已。

"堡连堡　二十五"

大同以西，外长城经左云、右玉，到达黄河边的偏关、河曲，在那里向西进入陕西。大同以东，阳高、天镇的外长城沿线堡垒众多，向东进入河北北部。大同著名的"边墙五堡"是大同和草原之间最近的长城防线。长城两侧堡垒密布，老百姓俗语说："堡连堡，二十五。"

清代长城不再是政权的分界线，天长日久，逐渐废弃。残破的长城留存至今，成为晋北旅行的特别线索。

出大同市区，沿山西301省道东行不远，有一座平缓的山体据说是历史上著名的白登山。西汉初年，刘邦在"白登之围"中险些被匈奴骑兵俘获，侥幸躲过一劫，汉匈300年战争史从此展开帷幕。从此向东，路边的地名依次是二十里堡、三十里堡、四十里堡……我对照了下，它们之间的距离和汽车里程表上显示的公里数，几乎完全一致。这些交通要道上的堡垒如今都变成了村庄。过阳高到达北部的长城乡，是唯一以长城命名的乡镇，镇边堡近年修缮，长城旅游公路已经修通。

阳高和天镇县城内古迹留存很少，只各保存一座古寺。

阳高云林寺仅存一座明构大殿，面阔五间，进深八椽，单檐庑殿顶。屋顶等级较高。当心间、次间板门，梢间为直棂窗。六对隔扇门上的窗棂图案精美，各不相同。

殿内彩塑佛像25尊，高大须弥座上正中释迦牟尼佛，东侧药师佛，西侧阿弥陀佛，为"横三世佛"，背光完好。释迦牟尼佛左右是二弟子像、佛坛左右各一尊天王护法，两侧山墙下是十八罗汉像，是明清标准佛像群配置。山墙满绘水陆壁画，分三层共123组，涉及各路神仙、鬼怪、忠臣良将、三教九流等，大部榜题尚在。

天镇慈云寺明宣德年间重建。现存三进院落，中轴线上主体建筑自南而北

云林寺壁画中的菩萨像

夕阳穿过镇边堡

天镇慈云寺内圆形穹庐顶钟、鼓楼

依次有山门、天王殿、释迦殿、毗卢殿。

　　山门面阔三间，悬山顶，门内哼哈二将塑像。天王殿前院内东西两侧钟、鼓楼采用罕见的圆形穹庐顶。钟楼存明宣德七年（1432）铁钟。天王殿面阔三间，单檐歇山顶。内供弥勒佛坐像、四大天王像，韦驮立像。

　　释迦殿，进深六椽，单檐歇山顶。殿内原供"竖三世佛"，即燃灯佛、释迦牟尼佛和弥勒佛。现塑像新作。

　　毗卢殿是寺内最大单体建筑，面阔五间，进深八椽，单檐悬山顶，前设廊。

藏经柜内原藏乾隆十九年（1754）刻本大藏经，1952年被移入大同华严寺。殿顶正脊上有完整的明代琉璃，龙、凤、狮子、麒麟等走兽，造型精巧。中间一对赤身童子像被称为吉祥童子，琉璃葫芦宝瓶上插铁铸莲花，上有一只铁凤鸟与浑源圆觉寺塔顶的一样，也有风向仪作用。

新平堡 保平堡

新平堡是明代"边疆极冲之地"，驻军近千人，守边墙18里，边墩26座，烽火台16座。《读史方舆纪要》记载："新平堡 嘉靖二十五年（1546）置，隆庆六年（1572）增修。"这个兵民合一城堡从战场到商贸口岸的功能演变，在大同沿边很典型。

新平堡内还有十几处明清四合院。堡墙破坏严重。堡中间有玉皇阁，下为十字交叉砖台，上为重檐两层木构，一层内壁残存部分壁画。

出新平堡，残破的黄土烽火台相当养眼，东北平远头村方向的山峦上是密集

雨后夕阳中的保平堡

烽火台，那一带是晋、冀、蒙三省区交界处。西南的山上边墙蜿蜒曲折，颇为壮观。当年要从沟下徒步而上，如今公路已通到保平堡东墙之下。

东门，也是保平堡唯一的门，石匾上刻"镇云"二字，砖石拱券结构基本完好，墙体包砖早已不见。由于缺水，居民早年已迁出，堡里可见废弃的碾子、水槽和半个磨盘。

灿烂的晚霞笼罩着保平堡和周围的边墙、烽火台，仿佛把世间万物都披上一层金黄。

边墙五堡　永固陵

大同北边边墙相对完整，在起伏的山地间蜿蜒曲折，特有一种沧桑中的壮观。这一带的长城堡垒分布密集，其中从东向西的镇边堡、镇川堡、宏赐堡、镇房堡和镇河堡号称"边墙五堡"。

三墩村附近边墙上的烽火台

从大同去边墙五堡，最便捷的是镇川堡。镇川堡在镇川口长城南 2.5 公里，建于嘉靖十八年（1539），万历十年（1582）包砖，守备长城 20 里。史载嘉靖、隆庆年间，蒙古骑兵两次从此攻进长城内。地当要冲，镇川堡最险要的西北角台突出墙体 7 米，宽 10 米，高度至今仍有 9 米。

镇川堡附近的西寺梁山（古称方山），当地又称平顶山，明长城边墙在山的北侧。正如方山之名，山顶是个巨大的平台。来到北侧边缘的中心烽火台上，四周边墙蜿蜒，地形地貌尽收眼底，是防御制高点。山顶平地上突起一个大土堆，那是国家重点文物保护单位、北魏皇家陵寝——永固陵。北魏是拓跋鲜卑建立，历史上第一个统一北方的少数民族政权，魏孝文帝改革促进了民族融合。这位皇帝延续了冯太后开创的改革事业，永固陵就是冯太后的陵墓。490 年冯太后病故，时年 48 岁，她没有留下名字，却改变了历史。

永固陵历时 8 年建成，冯太后去世后入葬。永固陵由万年堂、永固石室、思远佛寺、御路灵泉宫、灵泉池等遗址组成，南北长 4 公里，东西宽 1 公里，陵园与佛寺结合，在历代帝陵中是一大特色。现在的永固陵残存封土堆高达 22.8 米，地下部分全长 23.5 米。封土堆中心是由墓道、前室、过道和主室组成的墓室。永固陵东北 1 公里的小封土堆是万年堂，孝文帝衣冠冢，也称"虚宫"，圆形封土高 13 米。永固石室在方山山顶南端，用于守陵和祭祀，从残存墙垣遗迹可见当年规模宏大。地面可见残砖碎瓦。思远佛寺在方山南麓台地上，

永固陵出土石门

高山之巅永固陵

遗址主要由佛堂、佛塔、山门组成。国家博物馆展品中有永固陵甬道的石拱门，由门楣、门柱、门槛、虎头状门墩、石门组成。拱门左右各有雕刻精美、神形兼备的一尊飞天，一只神鸟，线条流畅。

得胜堡

得胜堡是大同北外长城沿线最重要的堡垒。明初建成的得胜堡在万历二年（1574）包砖，是防御外侵的要地。隆庆五年（1571）明蒙关系缓和，明朝廷在得胜堡举行授予蒙古俺答汗"顺义王"封号仪式，标志着连绵200多年的冲突告一段落。随后开放大同、宣府等地互市，古堡北侧的得胜口是互市点之一。万历五年（1577），长城沿线新平堡、助马堡等地加设10个互市点，贸易繁荣，对晋商兴起影响巨大。

现在得胜堡包砖多被拆走，断续夯土城墙上出现多处豁口。村民在城堡的西侧和南侧盖起新砖房。据说现在堡里只住 100 多户。保存最好的是南关门。关门外石匾上阴刻楷书"保障"二字,落款"万历丙午岁秋旦立"。关内匾额阴刻楷书"得胜"二字。门洞东西墙上嵌石碣,西墙碑风化严重,文字已经无法辨认。东墙石碣上字迹清晰可见,记载万历三十五年(1607)八月扩修得胜堡的经过。

走进城堡,正对的是宽敞的南北大道,一眼看到北山坡上的烽火台。两旁是低矮的老房,年久失修。遗弃石磨、石碾随处可见。北部空地上居中是玉皇阁中空底座,与新平堡玉皇阁下的十字形通道四面通行的形式十分相似。玉皇阁与北墙之间的空地是得胜堡练兵场。

得胜堡向东不远处是一座小堡,镇羌堡,残垣断壁,已无人居住。夕阳下,有老人在收拾胡麻地,西汉张骞通西域以后,胡麻传入中国内地,在这里胡麻被用来榨油。

得胜堡在大同正北方,这里是明蒙冲突多次攻防焦点,更是明蒙冲突的终结者,商贸互市点,"化干戈为玉帛"在这里成为现实。从战争到和平,从刀兵到商贾,铸剑为犁,边塞安宁,得胜堡的美名天下所闻。

金秋得胜堡

第三篇
——

晋
南

文
明
的
根

五千年文明看山西，离不开的"厚重"是和晋南密不可分的。从历史发展和自然环境看，晋南可能是炎黄部落联盟的兴起之地。古籍中说的"尧都平阳（今临汾），舜都蒲坂（今永济），禹都安邑（今运城）"都在晋南。

黄河沿线的西侯度、匼河遗址是已知的远古人类在晋南繁衍生息的早期证据。丁村文化遗址和陶寺文化遗址是汾河下游的重要遗址。陶寺文化的性质与尧舜禹时期的关系一直被关注。

西周晋国统治核心长期稳定在今侯马—曲沃一带。盛唐时蒲州号"中都"，千古名篇《登鹳雀楼》、开元铁牛均诞生于此。元代永乐宫的建筑和壁画是不朽杰作。古戏台、戏曲艺术砖雕是金元戏曲文化在晋南兴起发展的实证。明代多次从山西移民，洪洞大槐树成为寻根问祖之地和民族血脉之源的象征。关公故乡关帝庙受到从帝王统治阶层到普通民众的广泛推崇，是重要的民族文化符号。

简单地罗列，晋南历史就已无限灿烂。走在晋南，那些历史遗迹、那些书本上记载的故事、那些让人视如珍宝的历代文物，在这里都变得"平常"。这里最不缺的是"厚重"，更多的是对生活的淡定。

三十年河东 三十年河西

运城是山西最南部的地级市。古代运城又称河东，是山西的粮仓，是华夏文明的发源地。历经风云变幻，祖先为我们在这里留下数不尽的传统文化遗产。

运城盐湖古韵

运城盆地最低洼的地方是一片蚕状湖泊，由于自古产盐，被人们称为盐池。运城就是因运盐得名。

晋南、豫北的黄河两岸是华夏文明发祥地，为什么文明首先在这里发源？传说中尧、舜、禹的"都城"为什么都在晋南？一个重要原因就是盐池。远古人类繁衍发展，需要适合的自然地理环境，维持身体循环代谢的盐更是不可或缺。中原很多地方自然条件不错，或许还要超过运城，但在远古时代，只有盐池的池盐可以直接食用。

沧海桑田，运城早已不靠贩盐为生，城区就在盐池北侧，绕城高速路把整个盐池围在中央，100多平方公里的盐池上架起南北大堤，公路直通中条山。

池神庙

盐池北岸卧云岗上的池神庙是盐池守护者。池神庙坐北朝南，背山临水。唐代宗时封盐池神为灵庆公，修建灵庆公祠，即池神庙前身。以后历代修缮。池神庙现存建筑在一斜坡上，从南到北中轴线主要建筑依次是山门海光楼、戏台，三大殿，颇为壮观。

台基之上的重檐歇山顶三大殿，面阔三间，四周设廊。主殿灵庆公神祠居中，雨师太阳神祠在左，条山风洞神祠在右。台基四周有石栏杆。池神、日神、风神三神并列，展现盐池生产和太阳、风的关系，祈福人们得到丰富的池盐。

三大殿南面的戏台坐南朝北，面阔七间，进深四椽，为卷棚硬山顶建筑，这是一座形制少见的戏台。等级不高，装饰较少，但体量大，可见当时运城民间对戏曲的喜爱。

戏台当心间下有券门通行。戏台南边院内安置历代修缮碑刻，现存可见最早的碑刻为元代碑碣。

海光楼是体量颇大的重檐歇山顶建筑，面阔五间，四周有廊，近年被重建。楼下台阶前就是盐池边。原有歌熏楼，北侧有"舜弹琴处"木牌坊、"日月井"，现已不存。所谓舜弹琴处，即指传说中舜帝在中条山边即兴边弹琴边唱起《南风》之歌。很直白地表达了先民对南风的期盼和赞美：南风来临之时，盐池地区风调雨顺，池水中的盐分自然结晶成为人类所用的食盐。

为保护盐池，同时对盐池的生产进行控制，明代朝廷对盐池进行封闭管理和官营。在盐池周围建封禁墙，据记载明成化十年（1474）修筑，正德十二年（1517）加厚重修，禁墙土筑，现存残长约30公里。

解州关帝庙

运城有两大宝地，一个是盐池，另一个是解州关帝庙。过盐池西行不远就是解州。人们可能会忘记地名的由来，但不会忘记当地最有名的人——关羽。

关羽，运城市常平乡常平村人。为将关羽塑造成效忠皇权的榜样和典型，宋以来的帝王对关羽加官晋爵，明清是关羽"被称帝"的年代，关帝庙成为当时中国很多城市的标配建筑。

解州关帝庙初建于隋，历代多次大修、重建、扩建。目前解州关帝庙是我国现存始建最早、规模最大、档次最高、建筑格局最全的关帝庙宇群。解州关帝庙建筑群坐北向南，中轴线上从南到北依次是琉璃影壁、端门、午门、御书楼、崇宁殿、春秋楼。门口精美的琉璃影壁为明代中期作品，中间有五朵牡丹花，上有火焰宝珠，左右二龙戏珠，外侧行龙回首，上部麒麟望日。

端门重建于明嘉靖时期，砖构三牌楼式，歇山顶。整个关帝庙建筑群的中轴线南端的东西侧是"万代瞻仰"石牌坊和"威震华夏"木牌坊。

端门后有雉门，面阔三间，单檐歇山琉璃瓦顶。雉门北面是戏台。这里的山门兼过路戏台的形式在山西明清建筑中多见。

第三道门是午门，面阔七间，庑殿顶，民国时期重建，如巨大凉亭，南北通

御书楼

透无门窗，只设置低栏，上有精致雕刻，只有左右侧有墙体，空间显得十分开阔。内部檐下悬挂多个巨幅匾额，墙壁两侧壁画上绘有周仓、廖化、青龙、白虎像，意为门神。

御书楼巍峨高大，面阔五间，南出一间抱厦，北出三间抱厦，屋顶覆琉璃瓦。楼内二层中空为八角形，抬头可见精美的木雕蟠龙藻井，此楼又称"八卦楼"。内部原挂康熙亲笔匾额"义炳乾坤"，现已移到主殿崇宁殿内。北侧门上挂"绝伦逸群"匾，此语出自诸葛亮信中对关羽的评价。

崇宁殿前有碑亭、钟亭、华表、焚表铁炉、铁狮铁人。殿在高大台基之上，重檐歇山琉璃瓦顶，面阔七间，进深八椽，四周设廊。殿前月台宽敞。台前有二龙戏珠搭配卷草祥云砖雕的御路。崇宁殿当心间挂"神勇"二字匾是清乾隆钦定。檐下施双昂五踩

神勇匾

斗拱，补间两朵斗拱同柱头。阑额多为精美透雕，雕出二龙戏珠等图案。檐下外柱26根均为蟠龙石柱，龙形威猛飘逸。蟠龙柱在曲阜文庙大成殿亦有。各地关帝庙多有仿效蟠龙柱者，如新绛县泉掌镇关帝庙也有类似蟠龙石柱，只是规模小了些。殿中关羽像龙袍在身，手持笏板，说明是身后被追封为帝。内檐廊下"万世人极"匾为清咸丰帝所题。崇宁殿后极其精美的木牌坊挂"气肃千秋"匾额。两侧各一胡人牵狮铁像。

春秋楼是面阔五间的三檐歇山顶两层建筑，四周设廊。二楼廊柱是垂花柱形式，外部悬空，并非承重构件。当心间龛内为关羽坐像，挂传为慈禧题"威灵震叠"匾。上层中间是关羽夜读《春秋》像。前方两侧为二层三檐歇山顶建筑——刀楼和印楼。

解州关帝庙是颇具规模的明清建筑群。庙内建筑普遍覆琉璃瓦件，可见明清晋南琉璃产业的繁荣。关帝庙精湛的木雕和石雕，与众多充满文化气息的匾额，一起形成浓厚的古建文化氛围。这里是寻访关羽文化的必到之处。

常平关帝庙（家庙）

解州关帝庙东边常平村里有关羽家庙，供奉关公的夫人和儿子儿媳，的确是家庙风格。建于明嘉靖三年（1524）的四柱三门石牌坊前是一对明代铁狮，狮身上铸有工匠名字。狮子背后也刻画出胡人形象，与解州关帝庙香炉边的胡人像类似。牌坊中间阑额石板上题"关王故里"四字。

家庙现在为明清建筑群。进入山门后可见一座八角七层砖塔，叠涩出檐，收分明显，外包砖。献殿是南北敞开的面阔三间悬山顶建筑。主殿崇宁殿面阔五间重檐歇山顶，前檐下有廊。院内几棵古柏被赋予了祈福内涵，殿前龙虎柏树腰上缠满期盼孩子健康成长的层层红线。娘娘殿内供关夫人胡玥塑像。关夫人有了名字，当地人已把她作为药神和送子神看待。

河山之间 永乐之地

运城南部是东北—西南走向的中条山区。山南又被自潼关东来的黄河包围，这一山南水北的宝地就是现在芮城县的全部区域和平陆县及垣曲县部分区域。这里是早期文明的发祥地，自旧石器古人类活动遗址以来，历代文物遗存甚多。

永乐宫

永乐宫元代建筑群以木构建筑和壁画闻名于世。恢宏的建筑矗立于此，源自黄河流域的道教文化和唐代以来的吕洞宾传说。

晋南的道教文化自北朝以来广为流传，吕洞宾的传说在这里发源，他逐渐成为道教中的重要人物。据说吕洞宾是芮城县永乐镇人，有关他的传说流传千年。

永乐宫于元定宗贵由二年（1247）动工。包括大木作、小木作及彩绘壁画等工程，元至正十八年（1358）才告整体竣工，全部工期历时竟达百年以上。永乐宫原名为大纯阳万寿宫。

永乐宫建筑格局宏大，精美壁画总面积达960平方米，主题明确，技法高超，继承唐宋绘画风格，融汇元代绘画特点，是现存元代寺观壁画中最为精彩的一章。

永乐宫现址位于芮城县城北侧龙泉村边。20世纪50年代搬迁自永乐镇。当年修建三门峡水利枢纽工程，包括永乐宫等沿黄河众多古建位于淹没区需要搬迁。人们在永乐宫搬迁过程中创造了壁画搬迁复原的奇迹，以至观者在三大殿壁画上难以发现切割过的痕迹。

永乐宫山门龙虎门即无极门。面阔五间，进深六椽，当心间和次间为板门，梢间为墙。内部梁架六椽栿通檐用三柱。中柱在正脊下方。当心间上挂"无极之门"匾额，元至元三十一年（1294）立。龙虎殿北侧当心间位置放置木板后，形成

永乐宫是高规格的元代宫殿建筑群

一倒座戏台。

龙虎殿戏台设计与解州关帝庙雉门戏台应是同类清代建筑。早期元代官式建筑群内，最初并无来自民间戏台的容身之地，清代戏曲艺术繁荣，才有此变通做法。

永乐宫主体建筑三大殿自南向北依次是三清殿、纯阳殿和重阳殿。三清殿是建筑群主殿，地位和规格最高，又称无极殿，前檐下挂"无极之殿"匾。殿宇位居高大台基之上，面阔七间，进深八椽，单檐庑殿顶，出檐深远。柱头单抄双下昂六铺作，耍头蚂蚱形，补间两朵同柱头，柱头卷杀和缓。前檐下中央五间设隔扇门。阑额、拱眼壁位置有泥塑二龙戏珠，造型精美，现在大多不存。后檐下只当心间设隔扇门。

殿内居中三开间神龛供奉道教的元始天尊、灵宝天尊和道德天尊，合称三清。四壁的壁画只有少部分修补过。天花板形制完好，居中木藻井极其精湛。殿内壁画就是著名的《朝元图》，高 4.26 米，全长 94.68 米，总面积 403.34 平方米。内容可上溯唐代画家吴道子作品《五圣朝元图》。《朝元图》的色彩线条和技法构图非常精美。壁画主题表现道教文献记载的六天帝、二帝后率众仙朝元的场景。壁画中近 300 位道教神仙从形象、身材到穿戴都细致入微，特点鲜明，无论是衣服的褶皱还是神仙的表情和动作都无比精细。几百个神仙形象均不同，仔细端详，神仙气度和形态体现 800 年前艺术化的社会生活。这些神仙形象的装束和特色自然也是元代风格。

殿内三清塑像背后扇面墙壁有元代题记："河南府洛京勾山马君祥、长男马七待诏把作正殿前面七间、东山四间、殿内斗心东面一半、正尊云气五间。泰定二年六月工笔（毕）。门人王秀先、王二待诏、赵待诏、马十一待诏、范待诏、魏待诏、方待诏、赵待诏。"可见这是部分画工在元泰定二年（1325）所记。

纯阳殿又名混成殿、吕祖殿，面阔五间，进深六椽，单檐歇山顶。柱头单抄双下昂六铺作，补间两朵同柱头。柱头卷杀和缓。普拍枋规整。挂"纯阳之殿"匾。当心间、次间有木隔扇门。殿内天花板完好，居中是精美藻井。殿内居中吕洞宾塑像为新作，东、北、西三面墙壁上是 52 幅画面组成的《纯阳帝君神游显化之

《朝元图》壁画局部

图》，以连环组画形式表现吕洞宾的故事。其中有大家耳熟能详的"黄粱美梦""狗咬吕洞宾，不识好人心""黄鹤楼""蓬莱仙境""吕祖度化"等情节。壁画高约 3.5 米，面积 203 平方米。分上下两栏，每幅画作间用山石云树连接，每一故事既单独成章又通过景物相互关联。

纯阳殿南壁东侧西上角可见题记："禽昌朱好古门人古新远斋男寓居绛阳待诏张遵礼、门人古新田德新、洞县曹德敏。至正十八年戊戌季秋重阳日工毕谨志。"

后壁正中上方右侧也有画工题记："禽昌朱好古门人古芮待诏李弘宜、门人龙门王士彦，孤峰侍诏王椿、门人张秀实、卫德，至正十八年戊戌季秋上旬一日工毕谨志。"元至正十八年（1358）可以看作纯阳殿壁画的完成时间。

以上珍贵题记为研究元代壁画作家群提供了重要线索。禽昌即今襄汾，元代朱好古为此地重要画师。有研究者对晋南存世壁画进行梳理，认为朱好古画派作品在当时颇有影响。

重阳殿面阔五间，进深六椽，单檐歇山顶，单抄单昂五铺作。殿内壁画继承纯阳殿壁画手法，用49幅画面来描述王重阳一生经历。壁画是明初洪武年间作品，反映道教故事和社会生活，破损较重。

永乐宫体现元代官式建筑的恢宏和大气，运用当时流行的减柱法，天花板和藻井为大型建筑配置。壁画体系完整，保存完好，多年来是艺术院校学生和美术爱好者的至宝。

永乐宫西侧有吕公祠，内有原在九峰山纯阳上宫的《吕仙翁百字碑》。元代宋德方还主持开凿太原龙山石窟，他的石棺在此保存。宋故于终南山，后归葬永乐宫。另潘德冲石棺亦在。

永乐宫现地址是在全国重点文物保护单位古魏国遗址之上。这古魏国是指春秋时期的小国魏国。地面遗址可见东西向夯土墙。新旧宫门之间的院落两侧碑廊保存众多芮城碑刻。其中时代最早一通为西魏大统十四年（548）《蔡洪造太上老君像碑》。

芮城木雕艺人李艳军和布艺艺人张雅婷是当地手工艺人中著名的两位。张雅婷年已70，她在县城有一些徒弟。她说手工艺作品工序多，繁杂，很多年轻人都不喜欢做，她为节约开支，创造宽松的合作环境，采取了工作室模式。布艺作品大多要经过几十道纯手工工艺，常见的有十二生肖和各类小动物造型。李艳军的老家在永乐镇上，因为和永乐宫很近，祖上一直为道教活动提供木雕作品。2011年6月，他俩成为山西省非物质文化遗产传承人。2014年，李艳军为传承人的芮城桃木雕刻技艺成为国家级非遗项目。我每每想到那个夏天，小作坊里到处是木雕原料和半成品，他和几位徒弟挥汗如雨，在工作台前一干就是几个小时。

唐代遗存广仁王庙

近年来，低调的乡村庙宇广仁王庙因唐构而知名，因"龙·计划"而出名。

距今 1200 年的古建终于在沉寂许久后，进入当今大众视野。广仁王庙被关注已不仅局限于区域乡村祈雨的基本维度，更增加了古建学术，文化遗产认知与传播，不同视角的审美差异等多方面实践和思考。

永乐宫今址西侧的中龙泉村有现存已知三座唐代木构建筑之一的广仁王庙（五龙庙）。

广仁王庙院落在村北部。院子南边是一清代戏台，正中是正殿，围墙之内已看不到其他建筑痕迹。20 世纪 50 年代大修改变了若干结构，建筑屋顶唐代风格有所减弱。

原在前檐墙上的两通唐碑可以证明古庙兴建于唐代。

元和三年（808）《广仁王龙泉记》碑记载，县令于公带领人们开渠建庙，用五龙泉水灌溉农田的事迹，修建龙泉池，周围一百三十二步，建祠庙，绘制龙王形象；唐大和六年（832）《龙泉记》载因当年旱灾，官员祈雨而天降甘露，旱情缓解，人们再次重建古庙。

可见，唐后期民众已利用此地泉水浇灌土地，龙泉水源同时成为祈雨之地，建起祭祀庙宇。现在，此两通唐碑嵌于院北墙内。

魏晋以后，五龙信仰在民间广为流传。宋沿唐制，五龙信仰得到朝廷认可。宋徽宗广封山川神灵，大观二年（1108）封五龙为王，以青龙神为广仁王。民间仍称此庙为五龙庙。

广仁王庙正殿面阔五间，梢间很窄，进深四椽，单檐歇山顶。柱头双抄五铺作。无补间，无普拍枋，有隐刻拱。阑额至角柱不出头。柱头卷杀，檐柱生起明显。梁架结构极简，内部梁架四椽栿通檐用二柱。尽管修缮改变了部分结构，但梁架早期木构特征鲜明。此殿是珍贵的唐代小型木构殿堂，是现存三座完整唐代建筑之一（另两座是佛光寺东大殿、南禅寺正殿），也是已知现存最早的道教建筑。正殿对面的戏台面阔三间，硬山顶，晚清建筑。

2013 年，广仁王庙迎来期盼已久的修缮，正殿转危为安。修缮范围是五龙庙建筑本体。2016 年春天，当我带领访古团队来到广仁王庙时，巧遇丁长峰先生发

广仁王庙正殿

起的"龙·计划"活动正在如火如荼地进行。2016年夏天以来，广仁王庙周边环境得以焕然一新。

这是多年来第一次有民间集资活动为古建事业做出实在的贡献。东侧跨院内有按一比一比例复制的佛光寺、南禅寺、广仁王庙的唐代斗拱建筑构件，供人们参观。登上北侧平台，可眺望四周环境。唐构广仁王庙新生开始。寻访者在此空间慢慢品味文明魅力，村民拥有了整洁的环境。10年来，我多次到访广仁王庙，见证了千年古庙再次复兴。

地窖院

芮城东面是平陆和垣曲。当地地窖院一般是在平整的黄土地面上修筑，挖一个边长 20~30 米、深 7~10 米的长方形或正方形的深坑，坑底平整后在四壁挖 5~12 孔窑洞，其中一窑与坑外一斜坡形通道相连，通向地面，这是出入的通道。在坡道与门洞连接处，砖砌门楼，安装大门，在门洞一侧挖一拐窑，窑内挖一深 20~30 米、直径 1 米水井，解决人畜饮水。

挖地窖院最大的优点是除人工成本以外基本没有其他开支，而且可以保证居住面积，适合家族群居。近年来很多年轻人已经搬出去，老人们还在延续过去的生活方式。地窖院营造技艺已被列入国家级非遗名录。

挖地窖院不仅要有体力，还要有学问：哪里挖窑洞、挖几孔合适、窑洞要多深、排水井如何安排，各窑洞的功能如何划分等，都有严格规矩。王守贤是"地窖院营造技艺"国家非物质文化遗产的传承人。他带我走进了最典型的一处地窖院。

平陆王守贤家的地窖院

窑洞冬暖夏凉。夏天凉爽宜人，完全不用空调、电扇。地窨院排水是先天不足。

站在地下几米深的小院里，抬头看到的全是蓝天，一丝云都没有。王守贤的邻居家也是一进的地窨院。平陆还有不少地窨院，这是一种即将消逝的独特的居住方式。

鸣条岗上司马温公祠

运城东北夏县鸣条岗是一条平缓山冈，高度虽无法与巍峨的中条山相比，但文物古迹却十分丰富，鸣条岗西段有传说中的舜帝陵；禹王城有几千年历史，曾是战国魏国的国都、汉晋河东的郡治。鸣条岗一带现存最好的古建群是北宋政治家、文学家、历史学家司马光家族墓地——司马温公祠。

司马光家族墓地在夏县城区前往水头镇的路上，现为明清时期建筑格局。祠堂前碑楼内是高大的司马温公神道碑，碑身、螭首、龟趺三部分总高约9米。碑额上有宋哲宗题写"忠清粹德之碑"六大字，苏轼撰文，记述司马光一生功绩和家世。现碑文为明代摹写。司马光去世后原碑被毁。金代时破碎的原碑被发现。最初发现残碑的地方有棵杏树，残碑由此被称"杏花碑"，金人根据拓片文字和残碑临摹重刻4块，嵌于祠堂壁上。

祠堂内现有墓地、祠堂、余庆禅院三部分。几个大坟冢间是柏树，神道两侧分列有文官、羊、虎等石像生。墓地中间是司马光父亲司马池墓，左侧为司马光兄司马旦墓，右侧是司马光墓。其余是司马光先祖和族人坟冢。地上几朵零星野花，生生不息，恰是对史学大师最好的祭奠。墓地有宋代石碑4通，明代石碑2通，王安石为司马光叔父司马沂撰写的墓表最有名，王和司马虽是政敌，但私交很好。

司马光砸缸的故事家喻户晓，他年轻时学习刻苦，20岁考取进士，进入仕途，晚年到位极人臣的宰相。他在当时属于保守派，坚决反对王安石一派主张的"新法"。司马光仕途几度沉浮，最后一次做宰相，不到一年病逝。

司马光主持编写了《资治通鉴》这一传世之作。这部名著编写历时19年，总

司马温公祠墓园石像生

字数 300 多万字，时间跨越 1362 年，宋神宗看后赐名《资治通鉴》。这是司马光一生最重要的学术成果，至今，"通鉴学"研究已成为中国史学史上的重要学术课题。《资治通鉴》长期为学术界和文化圈高度重视。其内容经过严谨考证和分析，是可靠的史料来源，也成为社会认知度极高的历史名著。

司马温公祠里最有历史价值的建筑是宋神宗敕建的香火寺——余庆禅院。正殿面阔五间，进深六椽，单檐悬山顶。当心间为板门，次间和梢间为直棂窗。前设廊，柱头卷杀，柱头单抄四铺作，无补间。内部梁架较规整，四椽栿接前后劄牵通檐用四柱。梁架间有襻间，驼峰造型优雅，后檐下柱头亦有卷杀。

殿内供奉横三世佛坐像，背光高大精美，贴金彩绘。三世佛面部绘有胡须，为宋代风格。

大殿廊下有多通明清时期碑刻。殿西有宋代敕牒碑，殿侧还有一大一小两通北朝造像碑。

夏县的夏，万物肆意生长。鸣条岗缓坡上种植着成片葡萄。在这品尝葡萄酒，回味沧桑，感受良多，当年若有此佳酿，正是煮酒论英雄之景，温公也不会错过吧。

蒲州三胜记

民谚"三十年河东 三十年河西"流传多年，其出处就在运城蒲州西门外的黄河岸边。

唐代蒲州进入鼎盛时期，一度被称为"中都"，普救寺、蒲津渡、鹳雀楼都是知名的唐代遗存。

《西厢记》故事发源地是普救寺，塔是著名的莺莺塔。莺莺塔本名舍利塔，平面正方形，明代复建，是高近 40 米的十三层密檐砖塔。

寺院内现有殿宇是几十年前按照唐代风格复建的。大雄宝殿内的巨大石像

普救寺内景观

是 1985 年重建时发现的北朝晚期遗物，稍有残损，外形大气庄严，是镇寺之宝。仿唐塔院回廊里是《西厢记》故事连环画。寺内复原西厢记故事场景："张生西轩""梨花深院""书斋院"等；"待月西厢下，迎风户半开，拂墙花影动，疑是玉人来"的千古绝句就在梨花院内的木隔板上；"惊艳""请宴""赖婚""逾垣""拷红"等戏曲名目一一落在实地；梨花小院的陈设和人物蜡像营造着西厢气氛。这些都是依据戏曲小说附会的。名著的魅力唤醒了人们对真挚情感的向往。

出寺西行，不远处是蒲津渡遗址。20 世纪末，山西文物部门在黄河滩地上发掘出 4 对铁牛铁人。铁牛重几十吨，面对明代古河堤遗迹，后面的铁杆是拴船之用。唐代开元时，唐玄宗命大臣张说都督负责黄河蒲津渡桥工程，核心是将 8 对铁牛铁人铸在黄河两岸，作为铁碇压镇浮桥。我们看到的是河东蒲州城外的 4 对。铸造采取的失蜡法是古人聪明才智的典范。

由于战乱和黄河改道加剧，元代以后蒲津渡作用下降，浮桥和镇河铁牛铁人沉入淤泥。黄河河道在山西、陕西间摆动，大约几十年变化一次，原有的河防措施

蒲津渡铁牛铁人

日渐荒废，民间期盼黄河安流，逐渐流传开"三十年河东 三十年河西"的民谚。

蒲津渡遗址景区南大门对面是残存的明蒲州古城西门遗址，由于泥沙堆积，原来的城门已在现公路以下 2 米左右。蒲津渡西面就能望见高大的现代鹳雀楼。新楼竣工于 2002 年，比原楼高出 20 多米，位置西移不少。木楼过去的位置应在城墙上，距铁牛处不远。由于采用水泥结构建造，在勘察地基时发现黄河滩地地基有问题，所以西移了几里。新楼对高度和建筑形制都进行了增量。

铁牛出土，勃勃生机；普救寺爱情传奇之地；鹳雀楼登高远眺，一展胸怀。那个 1200 年前的唐朝盛世到底如何？仿佛离我们很近，又仿佛离我们很远。

追根溯源舜帝陵

山西南部被称为华夏文明的摇篮，人们常提到的上古"三皇五帝"中的尧、舜、禹曾"定都"于此。"三皇五帝"是传说中的帝王，到底是谁，本无定数。后来采取了比较流行的说法：三皇是天皇伏羲、地皇神农、人皇黄帝，五帝是少昊、颛顼、帝喾、尧、舜。据说其中舜的重要活动区域在运城，舜都蒲坂，即蒲州古城附近。舜的生活区域也在这一带。

运城舜帝陵就在鸣条岗附近的北相镇西曲马村。鸣条岗一带早期考古发现和文化古迹尤多，在东部夏县有禹王城遗址、司马光祠，在西部则有舜帝陵。

舜帝陵经过整修，前面的广场十分宽敞，进入大门，首先看到的是巨大的舜帝抚琴像。

舜帝抚琴所唱的就是著名的《南风歌》："南风之薰兮，可以解吾民之愠兮。南风之时兮，可以阜吾民之财兮。"大意是说，南风清凉阵阵吹啊，可以解除万民的愁苦啊。南风适时缓缓吹啊，可以丰富万民的财物啊。这南风是指每到夏季，运城南部中条山峡谷里会有风向北吹来。一方面调节了运城地方小气候，更重要的是对盐池自然结晶产生催化作用。远古人类没有利用机械设备制造食盐的能力，盐池的天然食盐是古人生存的必需品和战略物资。因此南风非常重要，备受远古祖先

舜帝陵广场舜帝抚琴像

关注。

抚琴像后是几株造型独特的古柏。重檐歇山顶门楼是重华门，进入重华门就是陵区范围。甬道上是面阔五间的悬山顶过殿。此殿原在北相镇小学内十分残破，前些年扩建舜帝陵庙时迁来，前檐下原木形制大额枋保存了明显的元代风格。前后无门窗，十分通透。过殿后紧挨享厅，再后面就是舜帝陵。方形墓冢中有数株枝繁叶茂的古柏。陵前嵌明万历三十九年（1611）邢其任书"有虞帝舜陵"碑，旁边有"有虞氏陵"石碣。陵区内两侧是关公祠和嫘首祠。嫘首为舜的同父异母的妹妹，被誉为画祖。

过墓冢出陵区，北面是城墙围绕的皇城"离乐城"，当地人称离宫。

离宫内自成一体，中轴线上是倒座戏台、卷棚抱厦厅、过廊、献殿、正殿、寝宫，东西有廊房、钟鼓楼。五开间的硬山顶献殿紧贴正殿。正殿重檐歇山顶，面阔五间，进深六椽。前檐下有廊，内侧脚明显，梁架多用原木，为元代风格。殿内居中为帝王装束的舜帝坐像。左右是皋、夔、稷、契四大臣侍立。正殿后的寝宫为复建，面阔三间，单檐歇山顶。又名养颐宫，内供舜帝和娥皇、女英像。

舜帝陵中陵墓和寝宫结合的形式在古建群中较少见。舜帝是传说中人物，这里是否是其真陵墓更难以追溯。从千年祭祀史来看，这里已被人们认为是祭祀舜帝的场所。

猗顿墓园

临猗县紧邻盐湖区，其名字是从20世纪合并的猗氏和临晋两县各取首字而来。

春秋时，著名商人范蠡、猗顿在四海广为货殖，从中获利。据说范蠡到山东时，曾点拨贫困中的猗顿，让其从畜牧业开始积累。后来猗顿西行到今临猗一带住下来，利用这里土地平阔，水源丰厚的条件，建立畜牧业基地，后经营池盐发家，又涉足珠宝玉石奢饰品业，成为晋商巨富。可以说，猗顿是目前有明确记载的成功晋商的鼻祖。

史书中对他的描述多偏正面。《史记》卷129《货殖列传》载："长袖善舞，多财善贾，岂猗顿之谓乎？"桓宽《盐铁论》载："宇栋之内，燕雀不知天地之高；坎井之蛙，不知江海之大；穷夫否妇，不知国家之虑；负荷之商，不知猗顿之富。"

猗顿居住的地方后来发展为聚落，就是后来的猗氏城。这里西汉初年成为县城，北周武成二年（560）废，新县城北迁至今临猗县城所在地，继续称猗氏。老城址作为县治曾长达700多年。猗氏故城北墙墙体超厚，或者说已经不是一般的墙——局部厚度估计超过20米。

故城遗址不远的王寮村猗顿墓园十分简朴，前院中是猗顿塑像，过一月亮门到后院，有一圆形坟冢，高约1米，周长约15米。偏院里的清代石碑记录了当时重修情况。墓园树木茂盛，大有遮蔽路面之势，是个冷清的地方。

一般认为这座墓为衣冠冢，精神意义大于考古价值。历史太久，很多人和事似乎已被遗忘，我想猗顿就是一个。他曾开创过当今无法想象的商业版图，但终归

湮没在几千年来的黄土地里。

　　作为真实的晋商第一故事，猗顿的传奇遗泽后人，给今天以思考和补益。传统农业社会并不阻绝商业发展。唐宋以后的江南社会经济，早已给出答案。猗顿虽已远去，但其商业经营的文化内涵仍有强烈的借鉴意义。

临猗猗顿墓园

汾水谷地古意浓

万荣名楼

万荣县由万泉和荣河两县合并而来，秋风和飞云两座名楼以其繁复俊秀名扬天下。

古时汾黄两河交汇水域里有条几里长的土丘，万荣后土祠原名汾阴后土祠就建在上面。独特的地貌与古人的天人观念结合，后土崇拜在此扎根。民间传说黄帝在此扫地为坛。汉武帝刘彻晚年最后一次祭祀后土时，与大臣们在汾黄两河交汇处泛舟饮宴，极目四望，被周围萧瑟的景观感染，汉武帝即兴吟唱：

"秋风起兮白云飞，草木黄落兮雁南归。兰有秀兮菊有芳，怀佳人兮不能忘。泛楼船兮济汾河，横中流兮扬素波。箫鼓鸣兮发棹歌，欢乐极兮哀情多，少壮几时兮奈老何。"

这就是至今脍炙人口的《秋风辞》。

或许是受到汉武帝影响，接着几位西汉皇帝和东汉开国皇帝刘秀都亲临后土祭祀，此后还有唐玄宗、宋真宗。大中祥符四年（1011），宋真宗祭祀后土，亲自撰写《汾阴二圣配飨之铭》碑（萧墙碑），现存祠内。

元代以后官方祭祀皇天后土的地方移到天坛、地坛。后土祠民间祭祀活动依旧。黄河改道后，原后土祠早已被水冲垮，现在的建筑群是清同治以后重修。

现在的后土祠在庙前村北高坡上，山门为三开间歇山顶，兼倒座戏台。北边有两座并排的三开间硬山顶倒座戏台，与门口倒座戏台形成品字形的三座倒座戏台，三场好戏一起上演时，定是热闹非凡。

祠内正中是献殿和正殿，东西两侧是东、西五虎殿。东侧是以黄飞虎为代表，出自《封神演义》的周朝五虎上将，西侧是出自《三国演义》中的蜀汉五虎上将。

献殿五开间，进深四椽，硬山顶。柱础上的石狮形态各异，被人们摸得锃亮。献殿前后不设门窗，开敞空间，方便祭祀活动。殿内明代石碑上有宋代后土祠全盛时线刻全图。

正殿五开间，进深六椽，硬山顶。阑额、雀替等处均为精细木雕，寓意吉祥。东、西两侧照壁上是威武的龙、虎石雕。殿内主尊女娲，民间称后土娘娘。

正殿后是三晋名楼之一的秋风楼，因收藏元代的《秋风辞》石碣而得名，楼高 32.6 米。高大台基上的楼阁共三层，十字歇山顶，二三层四周有回廊可以眺望。飞檐下的斗拱结构繁复精湛，建筑挺拔灵秀，是座精彩的清代楼阁，彩绘脱落后的原木色更显沧桑。在回廊眺望四周，东面是丘陵上的庄稼和村落，西面是滔滔黄河水和对岸的黄土高坡。风吹动飞檐下的铃铛，把我的思绪带向远方。秋风楼，精彩绝伦、玲珑剔透。尽管现代技术水平早已超越当年，秋风楼却成为后无来者的绝响。

高大的秋风楼下部有通道，原来是建在一条古路上，称张仪古道。后来我又来过多次，还曾带访古的朋友们在楼前，一起朗读《秋风辞》。

《秋风辞》碑刻

秋风楼

飞云楼

县城中心闹市中有一座颇具规模的东岳庙，这是坐北朝南的古建群，中轴线上现存飞云楼、午门、献殿、享亭、正殿和阎王殿等建筑。

飞云楼是东岳庙地标建筑，历代不断维修，现为元明风格。高大而精致的飞云楼平面方形，纯木结构，明三暗五层，高 23.2 米，十字歇山顶，底层木柱林立，各角飞檐高高翘起。楼上密集排列的斗拱多达 345 组，像无数盛开的花朵。与秋风楼类似，飞云楼也有风动的铃铛，繁复的木构。木楼闹中取静，旧时登楼可观览小城繁华。

紧邻飞云楼的午门是帝王级建筑群才有的建筑配置，面阔七间，进深六椽，单檐歇山顶。前后檐下不设门窗，为开敞空间。献殿同为面阔七间，进深六椽，悬山顶。前檐柱头四铺作单昂，无补间。前后檐及柱上的大额枋，以及内部梁架多用自然圆木。享亭造型精巧，平面方形，十字歇山顶，角柱均为盘龙柱，琉璃瓦剪边；四周有石栏杆。正殿为五开间，进深六椽，重檐歇山顶，四周设抱厦，下为廊。阎王殿面阔五间，进深四椽，悬山顶。

万荣东岳庙古建群体量较大，格局基本完好，部分建筑有元代遗风。最出彩的飞云楼是国内木楼阁建筑的杰出代表。

飞云楼建筑的灵动和秀丽超过秋风楼，秋风楼的文化地位高于飞云楼；秋风楼前地势开阔，从不同角度都可观赏，飞云楼地处闹市，空间狭窄，很难看到全貌。三晋名楼，万荣有其二，确是荣耀。

晋南地区现存最好的民宅是李家大院。李家大院在阎景村，崭新门楼后是南北通道，左侧是祭祀关公的崇恩殿，重修后的大殿金碧辉煌。

李家在清代道光年间修建院落，原有院落 20 组，现存 11 组。建筑大多是竖井式四合院，同时吸纳徽式建筑风格，部分院落装饰马头墙。李家大院代表了当时民宅建筑的高水平。砖、石、木三雕和铁艺体现着松鹤延年、耕读传家、富贵平安的吉祥寓意。

李家大院一大特色是院落多为两层设计，比晋中大院的平房院有更多使用空间。另一特色是融合了欧洲建筑元素。晚清时李子用留学英国时娶英国女子麦克蒂伦为妻，他们居住的院落吸取哥特式建筑风格。道光年间的百善影壁，是李家世代行善的座右铭，民国年间李家曾慷慨出资赈济灾民。

倚梯城

晋陕大峡谷南端的龙门（又叫禹门）自古为水陆要地。禹门口黄河大桥以北沿黄河峡谷山西一侧有龙虎公路。龙门以北几公里处的绝壁天梯，当地俗称梯子崖。从崖下向上看，几乎垂直90度的崖壁上，有呈"之"字形的人工石阶，往复向上直到山顶。

来到现存石阶最低处，崖壁上可见清晰凿痕，台阶宽约2米，每阶高20~30厘米。据说这样的台阶尚存约360阶。壁面经过精细打磨，在崖壁和台阶交接处还特别打造成弧形。

沿石阶攀登了几个"之"字，终于来到尽头，这是个山崖中的小口，入口处似乎原有小门，崖壁上明显有方孔。门侧一龛，左右石刻对联："云梯万丈天台近，雪浪千层紫竹通。"横批："慈航普渡"。石刻对联和横批为明清以来所为。龛呈长方形，上半部圆首，下半部深度约20厘米，内一新雕观音菩萨。龛对面崖壁上有一内嵌石碣痕迹。

来到山顶相对开阔处，南望龙门，北眺石门。黄河上行船点点。南边是悬崖，东部有小径通向大山深处，这里是控制黄河峡谷出入的最佳制高点。据测算，从龙虎公路到山顶这里的垂直高度有120米，这也就是梯子崖的净高。

山顶平台应是魏孝文帝时期的倚梯城所在地。由于岩层结构原因，山体常有小型崩塌，加之人为损坏，早期城址难觅。

太和二十一年（497）春，孝文帝从晋南前往长安巡视，经龙门和蒲坂这两处

梯子崖石阶

俯瞰梯子崖的"之"字形石阶

梯子崖山巅形势

黄河东岸要地。《魏书》中的龙门即黄河龙门，倚梯城是龙门一带的控制性城堡，具有军事和交通枢纽意义，是孝文帝视察龙门的最佳地点。孝文帝在龙门和蒲坂祭舜、禹，同时对祭祀尧、舜、禹场所进行修缮，这三位古代帝王的祭祀活动在晋南地区历代相传，因此祭祀活动具有广泛的社会认同基础。

　　龙门禹庙就在倚梯城内。庙内孝文帝碑文中应会提及《魏书》本纪记载下诏建庙事。倚梯城是黄河龙门东岸峡谷顶部制高点，其北有万岁堡、南有云中城，已不存。三者为山巅古代军事据点连为一线。此类工程在绝壁之上，费工费料，观察崖壁开凿面的平整度，明显经过精细打磨，绝非一般开凿行为。倚梯城是黄河峡谷中的军事堡垒，梯子崖天梯是魏孝文帝时黄河天险的控制工程，是上下倚梯城的唯一途径。这里被唐代地理总志《元和郡县图志》收入。

俯瞰"之"字形天梯垂直百余米下的黄河水滚滚流去，前方龙门近在咫尺。倚梯城旧址与云冈石窟、永固陵一样，都是北魏历史的重要文物见证。

稷山古建

稷山县因稷王山得名，传说后稷是周朝姬姓祖先，带领百姓发展农业生产，被后代尊为谷神。稷山一带土地平旷，水源丰富，对古人来说确是一方水土宝地。

稷王庙

稷山一带谷神崇拜祭祀场所很多，如稷山县城稷王庙、新绛县阳王镇稷益庙、万荣县稷王山南侧稷王庙等。稷山县城的稷王庙据文献记载始建于元代，清道光年间重修，两进院。后稷楼内供奉后稷，殿前廊下两根雕刻精美的蟠龙石柱，正脊琉璃塔上是铁雕九凤朝阳，献殿正脊上是二龙戏珠。献殿与后稷楼紧紧相连，额枋上雕刻从播种到收获的农事场景全图，刻工细腻。

木雕农事图局部

后稷楼后的姜嫄殿是纪念后稷母亲姜嫄的，局部保持元代风格。

稷山大佛寺

稷山大佛寺在稷山县城东北1公里高崖上，本名清凉院、佛阁寺，因寺内依土崖雕的"第一土佛"，也称大佛寺。据清《稷山县志》和寺内石刻记载，大佛寺始建于金皇统二年（1142）。现在寺院坐北向南，南北长233米，东西宽150米。历经多年仅存下殿、垛殿、十王洞、十六罗汉洞等。

正殿是楼阁式建筑，依崖而造，把"第一土佛"整个包在里面。巨大的坐佛背靠高崖，高20米，宽6.7米，保存完好。

大佛寺内金代大佛

坐佛是螺发，倚坐像，面部红脸或许是后代维修施化。袈裟、手臂、手指看起来富有质感，好像可以感到肌肤的弹性。大佛造型经过细致揣摩，在最小的细部，衣服褶皱和脚趾这些细节都一丝不苟。这样的精心制作在古代估计要几年时间才能完工。

宋金砖雕墓和青龙寺

稷山县城几公里外的马村拥有两处紧紧相连的全国重点文保单位——宋金砖雕墓和青龙寺。

几十年来在稷山发现多处金代墓地。墓地砖雕生动展示了杂剧演出的场景，成为古代戏剧研究的难得实物，如化峪镇西苹果园金墓、稷山县苗圃1号墓等。其

中马村的宋金段氏墓群，规模较大，保存完好。

民间修墓限于财力，与皇家墓葬、官僚大族的阔绰无法相比，段家墓室的门都很窄，墓室里站四五个人就显得拥挤。目前考古发现段家墓群有 15 座墓室，发掘的 9 座中有 5 座可以参观。墓室内大多采取四合院民宅样式。墓志铭记载表明，墓地是宋政和八年（1118）至金大定二十一年（1181）期间建造的。随着年代推移，墓室的墓顶设计、房檐设计的装饰功能逐渐强化，最具装饰性的是戏曲主题内容的砖雕。

墓室顶部是三角形覆斗顶，墙壁上部四周是仿木结构房檐和斗拱，将墓室装点为"豪华居室"；下部四壁上有精美砖雕：正壁居中是主人夫妇饮宴场景，一般称开芳宴图，侍女、书童在侧侍奉，两边廊下护栏上雕刻寓意和谐美好的花卉以及当时流行的二十四孝故事图。对面墙壁正中雕假门，采用当时常用的"妇人半掩

精美宋金砖雕墓

门"造型，给狭小的墓室增加了空间纵深感。其他墓室大体类似，模仿墓主生前的宅院。日常安逸的生活中有声有色的戏曲表演不可或缺，墓群最大亮点是砖雕上的杂剧演出场面：大鼓、腰鼓、拍板、横笛等多种吹打乐器；演员序列里行当齐全，有情节，有舞台，这是为主人精心准备的一场永不落幕的地下堂会。鲜活的砖雕仿佛把人带到800多年前段家堂会现场。现在，段家墓地已成为博物馆。

墓地博物馆对面是以元代壁画闻名的青龙寺。青龙寺主体建筑基本保持元代结构。青龙寺坐北朝南，中轴线上依次是山门、腰殿和大雄宝殿，壁画在大雄宝殿和腰殿。大雄宝殿和腰殿都是面阔三间，单檐悬山顶。

腰殿壁画是集佛、道、儒三教的水陆画，在130平方米面积上绘有300多人物，上下二层，内容丰富。

腰殿南壁殿门两侧是十大明王像和四值使者，以及众多历史人物形象，有

大雄宝殿内壁画

孔子、苏武、诸葛亮、唐太宗、宋太祖等。腰殿北壁是十八罗汉和十殿阎君、六曹判官。影壁背面白墙上只存一精美菩萨像的头部，但残破的美仍能摄人心魄。

大雄宝殿壁画主要在东壁和西壁上。东壁上释迦牟尼佛居中，文殊、普贤二菩萨分坐左右，前有阿难、迦叶二弟子，左右排列护法金刚，后有听法的天帝及飞天凌空，琼楼玉宇，气势宏伟。西壁正中是弥勒佛，左右是观音和地藏菩萨。大雄宝殿壁画人物不多，尺寸比腰殿大，有些一气呵成的流畅线条足有5~6尺长。青龙寺壁画和永乐宫壁画属于同一时期，表现手法多类似，很可能也是元代山西著名画师朱好古一系的作品。

青龙寺原有壁画远比现存的完整。大雄宝殿壁画上可见很多整齐的切割痕迹，腰殿西壁也有明显的切割痕迹和局部被盗后留下的空白。民国时期青龙寺壁画多次被盗，造成不少损失。

走出青龙寺，大佛、元构、壁画、砖雕上的戏曲题材交织在脑海里，让人恍惚不知身在何处。

汾河湾里绛州城

在汾河由南向西转弯处有古绛州城，是明清时期区域政治文化中心，如今新绛县城里还残存部分遗迹。

新绛在明清时一直是绛州府所在，民国时期改为今名。县城位于汾河北岸，土地开阔，水流充沛，新绛古城又称"卧牛城"，有南北两个城门，南北大街称"牛脊"，左右62条巷为"牛肋"，龙兴宝塔是"牛尾"。

龙兴寺

沿缓坡上行，大街延伸到宝塔脚下。高岗上的龙兴寺规模宏大，"唐武宗灭佛"时只存宝塔。传宋太祖曾路居于此，改寺为宫，后来恢复寺名。原有建筑为大雄宝殿和宝塔。寺内居高临下，县城繁华尽收眼底。

大雄宝殿内存宋金塑像，毗卢遮那佛、释迦牟尼佛、卢舍那佛，观音、地藏、文殊、普贤四大菩萨。院内碑亭里的"碧落碑"受到历代书家推崇。"碧落碑"是唐总章三年（670）韩王李元嘉诸子为母亲祈福而立，碑文用钟鼎、颉、籀（大篆）写成。原碑在晋城碧落寺，以字体古拙难辨著称，早已不存。现在看到的这通是李元嘉到绛州任职后续刻。

大雄宝殿后高台上是高约 43 米的龙兴寺塔。清乾隆四十九年（1784）重装，并增高到 13 层。塔呈八角形，由磨光青砖砌制，檐下有仿木构椽、柱、斗拱，每层有题额。

塔院安放新绛县内发掘出土的两座小型砖石墓。一座是万安杜庄北宋墓，于1996 年 8 月在万安镇杜庄发现，墓室内砖雕以牡丹花卉雕刻为主，东西向墙壁上均有"妇人半掩门"造型。一座是泽掌镇北苏村金墓，砖雕中的戏剧表演形象栩栩如生。与稷山马村墓群年代相近。

龙兴寺前街向东到拐弯处即到新绛文庙。新绛文庙是旧时绛州文庙。棂星门、大成殿、泮池都具备。大成殿建在高大台基之上，面阔七间，进深九椽，重檐歇山顶，下设副阶周匝，内供孔子像和四配十二哲人像。据说文庙有宋人集刻王羲之《重修夫子庙碑记》，被认为是新绛文庙在宋代已有的证据。大成殿外墙面上嵌琉璃图案，多有残毁。新绛三官庙在主街东侧，正殿体量很小，元代结构遗存。

绛州大堂

离龙兴寺不远就是古代绛州中枢——州署衙门办公区。过去的绛州州署区域建筑现存大堂、三楼和居园池。

绛州三楼是指钟楼、鼓楼和乐楼。三楼依地势而建、座落有致，成三足鼎立之势，全国罕见。钟楼内金代万斤铁钟的声波可传出几十里。乐楼创建年代不详，现为明代遗构。乐楼坐南朝北，面阔三间，前檐插廊，台基高 2.5 米，明间宽大出抱厦，屋顶当心间凸起如阁楼，上下层可同台唱戏。楼北面是逐阶增高的石砌七星坡，坡上是城隍庙，已重建。乐楼是酬神之地，戏曲活动之所，台前坡道宽广倾斜

绛州三楼

明显，观众正好可以就势观看。两层乐楼形制超大，是历代不断加盖的结果。鼓楼始建于元代，现存为明构，在七星坡顶端西侧，坐西朝东，东西向由券洞门串通，三重檐歇山顶，底层面阔五间，四周有廊。

绛州三楼中鼓楼最大，起交通枢纽作用，钟楼较小，作用单一，乐楼则是大道上的戏台。三楼是绛州古城的重要标志建筑，和大堂、居园池合起来形成一个古建文化区域。如果再加上不远处的龙兴寺和教堂，绛州城内现存的主要古迹大体涵盖于此。

三楼北边是绛州大堂。绛州大堂面阔七间，进深八椽，单檐歇山顶，大堂内十分空旷。按古代建筑形制，州衙大堂规制为五开间，同为元代建筑的霍州大堂也是五开间，绛州大堂却是七开间。绛州大堂前后门柱难以一人合抱。为扩大堂内面积，减少内柱；原始木料稍加砍削用作梁柱，无统一规格，是元代建筑典型风格。

大堂北壁内嵌《文臣七条》石碣，刻于宋徽宗建中靖国元年（1101），上书宋真宗赵恒对文臣的七条御制戒律。

一曰清心。谓平心待物，不为喜怒爱憎之所迁，则庶事自正。

二曰奉公。谓公直洁己，则民自畏服。

三曰修德。谓以德化人，不专尚猛威。

四曰责实。谓专求实效，勿竞虚荣。

五曰明察。谓勤察民情，勿使赋役不均，刑罚不中。

六曰劝课。谓谕下民勤于孝悌之行，农桑之务。

七曰革弊。谓求民疾苦，而厘革之。

居园池

绛守居园池是旧时绛州上层人士休闲之地，俗称隋代花园、居园池。隋开皇十六年（596）地方官梁轨创建。绛守居园池出名源于长庆三年（823）唐绛州刺史樊宗师所作《绛守居园池记》。现存建筑是明清以来重建的。

如今的花园在北侧开门，进门就看见北宋至和三年（1056）梅尧臣题《题绛守园池呈太守薛君比部》。碑刻基本保存完好，笔法秀美。园内水池东西长，南北窄，一条甬道贯通南北将园子分为东西两部分。有园林学者认为花园保持了隋代风格，花园西北角有小丘，从外引来活水由此注入，经小瀑布进入水槽。古人规划了四季风景，用迎春、夏莲、秋菊、冬梅来点题。洄莲亭前水中种植莲花是夏景，西部种植蜡梅是冬景，六角亭北种植迎春花是春景，东部水边种植菊花是秋景，可见用心之细。

东墙草丛里有民国三十二年（1943）立斛律光墓碑。斛律光是北齐名将，骁勇善战，在与北周战争中多次获胜，且治军严明，声望很高。历史文献没有留下他安葬地的记载。《山右石刻丛编》收入金代石刻记载新绛城内曾有斛律王庙。

居园池内洞莲亭

云雕技艺

新绛云雕是一种雕漆工艺，旧称剔犀，元明时盛极一时，目前是国家级非物质文化遗产。云雕的做法是在胎型上以不同颜色的漆层层堆起，然后剔刻出回旋生动、流转自如的图案花纹，不同颜色的漆层从刀口暴露出来，花纹中最常见的是云纹，于是被称为"云雕"。

新绛云雕两大关键，第一是刷漆。首先在做好的案桌、提盒这些器具的实木坯上，用红、黑两种颜色的天然漆层层相间涂刷，一般要涂刷70~80层，多的上百层，6~7毫米厚，叫"髹涂"，全部在温室环境下进行，以免漆层干裂。

每天要刷的一遍漆必须在潮湿的阴房里面操作，温度在20摄氏度左右的时候才能干燥，云雕厂的刷漆工序都是在半地下室里完成。

第二是雕刻。木器上全部漆层凝固变干后，用刀在上面剔刻出云纹图案。剔刻的斜刀深约5毫米，刀口上宽下窄，显露出不同颜色和层次的花纹如彩云一般。

云雕制作的关键环节，决定了漆器品质的优劣。按一天只能上一层漆计算，

云雕漆器

上百道漆需要三个多月时间。

云雕漆器一大优点是耐磨，所谓越用越亮。这和制作工艺的特点分不开。因人手有限，工期也很清楚，不可能走捷径，需用大漆的大件，经常要等一年交货。这个过程如同一年四季轮回之间，农田里的耕作和收获一样。

《赵城金藏》刊刻地太阴寺

中条山北麓的绛县太阴寺始建于北魏，北齐、唐代多次重修，太阴寺与著名的《赵城金藏》密不可分。

《赵城金藏》是以我国第一部宋代木刻版汉文大藏经《开宝藏》版式为标准，由民间募集资金刻版印刷的大型藏经，共 6980 卷，总计 6000 多万字。因其雕印于金代，20 世纪发现于山西省赵城县（今属临汾市洪洞县）广胜寺，故名为《赵城金藏》。它是目前我国现存已知最早最完整的大藏经，现有 4813 卷藏于国家图书馆，被视为镇馆之宝。

《赵城金藏》的刊刻缘起长期模糊不清。有学者在 20 世纪认为是金代女子崔法珍断臂化缘修藏，在各地靠捐资所为。

绛县太阴寺院内有元大德元年（1297）《雕藏经主重修太阴寺碑》，几乎完好无损矗立在碑亭里。近年来经对碑文的解读，《赵城金藏》的诞生和刊刻过程从此清晰起来。

《雕藏经主重修太阴寺碑》碑高 223 厘米、宽 97 厘米，全碑 2169 字，详细记述了《赵城金藏》雕印的缘起、发起人、雕印地和雕印过程。

碑文记载，这部金代大藏经的募缘发起人是寔公尹矧乃。尹矧乃是河南人，其出生即有佛教色彩，因谙熟佛法，曾得到宋徽宗赏赐，后在五台山求法"得到佛祖指引"南下弘法。崔法珍和王慈云等均为尹矧乃在南下路上所收弟子，此外还有刘居士最先跟随左右。这三位是寔公的得力助手，在募集修藏过程中发挥重大作用。这次中国历史上最著名的私人团体修藏活动历经几朝得以完成。

据碑文记载，大定十六年（1176）寔公故后，其弟子崔法珍于大定十八年（1178）将《赵城金藏》进献朝廷，大定二十一年（1182）经版到京，得金世宗褒奖，大定二十三年（1184），崔法珍被封为紫衣弘教大师。由此法珍断臂募集修藏的说法被人们广为传颂，其背景却被淡忘，此碑提供了比较全面的文化图景，难能可贵。

《赵城金藏》的补雕和后期整理工作的重要地点之一是太阴寺。主持者是寔公的另一弟子、太阴寺住持慈云（云公）及其门人法澍、法满等人。碑文记载寔公圆寂后，慈云遵嘱在新田、翼城、古绛三地"再起作院，补雕藏经，版数圆备"。慈云于大定二十年（1180）在唐晋旧址上重建太阴古寺，进行藏经修补，是三地中的古绛之地。

元碑立于大德元年（1297），在法澍再次雕藏83年以后。此时的太阴寺僧人、地方官、士绅用详尽笔墨立碑纪念，足见太阴寺在《赵城金藏》事业中的重大作用。

到此，我们基本清楚，《赵城金藏》的雕印缘起和寔公师徒的贡献，藏经的某些部分是在太阴寺雕刻完成的，对《赵城金藏》的诞生背景有了更深刻的认识，碑文对金元时期佛教史、印刷史极具研究价值。

古寺靠山，坐南朝北，所以称太阴寺。包括山门和过殿等均被毁，后重建。古寺大雄宝殿幸存至今。

台阶上的大殿面阔五间，进深六椽，单檐悬山顶。梁架保存完整，近年得到修缮。前檐下"大雄之殿"木匾立于金大安二年（1210），苍劲大气，颇为雄伟。书写者是当时的武威将军泽州端氏县令骁骑尉刘祖寿。

寺内存一尊长4米、宽1.5米，由一根独木雕刻的释迦牟尼佛金身涅槃卧像。大佛头东足西，佛身仰躺半侧，右臂向上自然弯曲，掌心向上托着佛头，佛面贴金，五官端庄，表情安详，发型呈云纹状，浑圆，袈裟线条流畅，飘飘欲动。这种硕大的木料可能是红杨木。体量之大，也显示了这是重建寺院的重点工程，承载着寔公师徒等人几十年如一日募捐修藏经的信心。匠人将涅槃像雕琢得十分安逸，大佛被安放在三开间精美木龛内。从龛外侧题记可知，大佛贴金和佛龛内外彩画是明初洪武时期作品。龛内彩画是几组在佛祖圆寂时的人物形象。在佛龛上方正中和左右次间后部，尚存三座金代菩萨坐像，均有繁复的花纹装饰和背光环绕。山墙上也有精美壁画。20世纪早期，三座菩萨坐像的头和壁画均不知下落。三座菩萨坐像之外，还应有佛弟子、菩萨、胁侍、力士等佛寺里的常见塑像，不知毁于何时。值得庆幸的是，殿内尚有一坐一立两尊塑像。其中坐像为一高僧端坐在大椅上，塑像完好，十分精致。椅背上可见"澍公"字样。这是慈云弟子法澍，他的名字出现在寺前元碑上，是太阴寺补修藏经的重要僧人。近年有家具学者在座椅上发现金承安四年（1199）款识，可见为法澍日用禅椅。

关于那次三晋大地上轰轰烈烈的民间雕藏之事，我们知道的仅是只鳞片爪。我们寻找到历史的碎片，随后发现还有更多碎片没有找到。历史就是这么神秘和有趣。

太阴寺金代卧佛

广胜寺

霍山脚下广胜寺是当之无愧的洪洞第一名胜，在晋南也是数一数二的古建群。广胜寺是第一批全国重点文保单位，地位早为人所重。

广胜寺的文化遗产内容丰富，看点突出：

飞虹塔——全国著名的琉璃塔。

木构——特色鲜明的元代古建群。

塑像——各殿内的佛教彩塑群像。

壁画——上寺流失海外的壁画和下寺水神庙壁画。

佛经——《赵城金藏》存放地。

名泉——下寺边的霍泉，至今水源充足。

广胜寺明清以来形成上、下寺格局，与晋城青莲上、下寺有些类似。在山下就可看到上寺飞虹塔。山门内这座著名的琉璃宝塔为明嘉靖时重建，平面八角形，共13层，高47米，各层出檐。塔身青砖砌成，由黄、绿、蓝琉璃包裹，佛像、菩萨、金刚、花卉、盘龙、鸟兽等各种造型图案和佛教故事图景都是琉璃珍品，每层有一中心图案，几百年风雨后仍然色彩鲜艳，是目前国内保存最为完好的明代琉璃塔。

飞虹塔内有释迦牟尼立像，第3层有座高近4米的小塔。通向塔顶坡度极大的通道只能一人上下。飞虹塔在上寺进门位置中间，颇有早期佛寺以塔为中心的特征。塔后中轴线上有三座大殿，前殿弥陀殿元建明修，五开间，进深六椽，单檐歇山顶，柱头双下昂五铺作。因供奉阿弥陀佛铜坐像得名。阿弥陀佛两侧是观世音菩萨和大势至菩萨，为"西方三圣"佛像组合。弥陀殿内依墙摆放12个巨大的红色藏经柜，《赵城金藏》当年珍藏其中。这一金代民间完成的大藏经刻本因原存赵城县而得名，学术价值极高。

在大殿外可见殿顶屋脊琉璃上有"皇帝万岁"字样，转角铺作繁复斗拱之间则是白鸽群的庇护所。

　　弥陀殿后是大雄宝殿，面阔五间，单檐悬山顶，前设廊。大殿佛龛内供奉明代木雕精品"华严三圣"：毗卢遮那佛和文殊、普贤菩萨。两山墙下是十八罗汉像。"光辉万古"匾为清雍正所题。存世的雍正题字很少，此匾罕见。

　　后殿毗卢殿，单檐庑殿顶，规格超过大殿。因殿门"天中天"为竖匾，也称天中天殿。毗卢殿面阔五间，进深六椽，檐下施双下昂五铺作，当心间补间两朵，次间梢间的补间一朵，同柱头斗拱。殿内当心间为木隔扇门窗，次间梢间为墙。

　　三大殿中，后殿佛像最多，佛龛内是三尊泥塑横三世佛：正中释迦牟尼佛，东侧东方琉璃世界药师佛，西侧西方极乐世界弥陀佛。佛像大背光火焰纹上有瑞兽、金翅鸟、飞天等。三佛像前是观音、文殊、普贤、地藏四大菩萨像，两侧山墙下是铁铸佛像 35 尊，与壁画上的佛像共 88 尊。

　　上寺三大殿内有净土宗"西方三圣"像、华严宗"华严三圣"像和横三世佛像，是一座具有很高地位的佛教寺院。

　　毗卢殿壁上有多通历代碑碣，对了解寺史颇有价值。最早一通为后周显德二年（955）《周晋州慈云寺长讲维摩经僧普静舍身记》。另一珍贵石碣为宋治平元年（1064）重刻唐大历四年（769）敕牒文。唐代牒文为郭子仪上奏唐朝廷，当时地方重建霍山阿育王寺，后来朝廷赐额为"大历广胜之寺"。北宋时因旧碣损坏而重刻。这一石碣是广胜之名来历的重要实物证据。

　　山脚下的下寺前殿也名为弥陀殿，元代建造明代重修，面阔五间，进深六椽，单檐悬山顶。柱头斗拱单抄四铺作，无补间。梁架上出现的人字斜梁是罕见的古建形制。殿内塑像已不存，残存壁画为二十八星宿。

　　下寺后殿大雄宝殿，面阔七间，进深八椽，单抄单昂五铺作，无补间。是经济适用且美观适度的元代建造典范。大殿外观宏伟，采用减柱法、移柱法，内部空间十分开阔。

　　大殿西壁《炽盛光经变图》现存美国堪萨斯纳尔逊艺术博物馆，高 7.13 米，宽 14.83 米。主尊炽盛光佛，庄重慈祥，着朱红色袈裟。两边分坐日光遍照菩萨（头饰圆环中有赤乌），月光遍照菩萨（有白色圆环状月轮）。十二宫天神分成两班，东西侍立。大殿东壁《药师经变图》现存美国大都会艺术博物馆，高 7.5 米，长 15.2 米，神像众多，场面恢宏。药师佛居中，左右是日光菩萨和月光菩萨，合称东方三圣。周围是八大接引菩萨。两侧有十二药叉神将和护法天神。

山下因霍泉而兴的水神庙是下寺最精彩的部分，这座元代大殿廊下有多通历代重修和记事碑刻。金天眷二年（1139）《都总管镇国定两县水碑》记录了当时洪洞、赵城两县分水纠纷和金代官府处理事务。元至元二十年（1283）《重修明应王庙之碑》、元延祐六年（1319）《重修明应王殿之碑》等均为元代重修碑。后者记录了大德大地震后民众修寺大殿的事。

水神庙大殿面阔五间，重檐歇山顶，平面方形，设副阶周匝，四周回廊。大殿上层前檐下双下昂五铺作，下层当心间出斜拱。廊下大门左右各立一尊高大文臣像。殿内四壁上是精美壁画。壁画内容很多选自元代日常生活片段，在现存古代壁画中实属罕见。

水神庙壁画共 190 平方米，分为 13 幅故事图画。其中西壁上的《祈雨图》和东壁上的《龙王行雨图》互相呼应，展示了水神求雨过程。

元代画师们在完成大作之后，利用墙壁上的空白，又即兴创作了十几幅"小品"：《捶丸图》在西壁北部上端，图中两位官员在进行的"捶丸"是元代流行的户外游戏，有人认为类似原始的高尔夫球运动。

《捶丸图》下面是《下棋图》，棋手聚精会神，观棋者、侍者环立，棋局中间有界河，类似中国象棋，又类似围棋。还有《卖鱼图》《梳妆图》《司宝图》《尚食图》《古广胜寺图》《元杂剧图》等。

南壁东侧的《元杂剧图》主题是民间剧团唱戏酬谢水神降雨。图中舞台横额上

《卖鱼图》场景

《元杂剧图》

写："尧都见爱大行散乐忠都秀在此作场"。图中人物有 11 位，包括生、旦、净、末、丑、乐师等，角色已与现代相似。这是现存最早古代戏曲壁画，极具文物和学术价值。忠都秀可能是当时平阳一带比较著名的戏班，在地方民众祭祀水神时献艺，被画师绘于墙壁。

　　下寺外水池南侧有泉水上涌，那是霍泉出水口。《水经注》里就有关于霍泉的记载。泉水被导流进水渠，现在还灌溉着附近十几万亩良田。一方水土养一方人，水神庙在当地人心中很重要。

尧都元代戏台

　　晋南是金元以来北方戏曲艺术的发源地。山西各地保存了三千座古戏台，如此繁多的戏曲表演场所，说明三晋先民的日常生活是丰富多彩的。在临汾市尧都区

西北一角就集中了三座经典的元代戏台。

魏村牛王庙戏台

魏村牛王庙戏台是元代早期戏台的杰出代表。外形质朴，三面通透，类似 T 台一样的形式，粗大石柱上清晰可辨的元代题记和图案，都极具视觉冲击力。

牛王庙在魏村中心，庙内是个非常宽敞的院落。南部就是久仰大名的牛王庙戏台，古朴、高大，无一丝油彩。牛王庙戏台坐南朝北，一开间，平面方形，歇山顶，长宽都在 7.5 米左右，四角缓缓升起。戏台最初建造时间已不可考。四根石柱上四条粗大有力的额枋木支撑起歇山屋顶。东西两侧大约后三分之一处从辅柱开始砌墙和后墙连在一起，辅柱间还可以挂帐，将舞台分为前后场。由于东西山墙几乎全明，观众可以三面围观，舞台效果较好。这种三面敞开式的舞台形式是金元早期戏台的标准版。稷山马村金墓、侯马金墓砖雕中都有类似样式。广胜寺水神庙壁画中可看到分割前后舞台的帐子。

牛王庙戏台

戏台两根抹角石柱上保存着珍贵石刻题记，西柱上是"蒙大元国至元二十年次癸未季春 石泉南施石人杜秀"，东柱上是"维大元国至治元年岁次辛酉孟秋月下旬九日立石 石匠赵君玉"。由柱上题记，此戏台修建不晚于元至元二十年（1283）。此后平阳地区发生了一次大地震，牛王庙戏台坍塌，于是元至治元年（1321）再次修缮。两根石柱上还有莲花、童子和花卉图案雕刻及修庙活动组织者题名。

戏台北侧是献亭和大殿。献亭在主殿正前，顶部与主殿连接，十字歇山顶。木柱无装饰，斗拱和藻井都要复杂些。大殿三开间，悬山顶，殿内供奉牛王、马王和药王像，挂广禅侯殿匾。传说广禅侯故事发生在北宋真宗时，晋城阳城兽医常顺医治好了在军马中流行的瘟疫，被封为"广禅侯"。民间认为广禅侯即"牛王"。

王曲东岳庙戏台

王曲村东岳庙创建年代不详，元、明、清均有修缮，戏台为元代遗构。

王曲村东岳庙是个小院落，戏台在小院门口，坐南朝北。院内清代重修的大殿十分简陋。东岳庙戏台，单檐歇山顶，平面方形，木柱无装饰，斗拱、藻井形式简洁，与魏村牛王庙戏台类似，可以确认也是元初建筑。民国初年在元代戏台前增建了一座硬山顶卷棚抱厦。抱厦和戏台间有隔扇，两侧开门，把戏台分为前后场，同时三面起墙。

东岳庙戏台内部结构

东岳庙戏台

东羊后土庙戏台

东羊村后土庙戏台是元代后期戏台的代表作。经过修缮的戏台坐南朝北。第一进院中的大殿已经不存在了，地上的柱础尚在。院落显得很开阔，后院居中是明天启时重修的三开间悬山顶圣母殿。殿内的彩塑群和悬塑保存完好。

后土庙戏台为十字歇山顶，北面开敞，正面基本呈方形，其他三面为墙。台前有两根方形抹角石柱，上雕莲花童子，下覆莲柱础。后土庙戏台斗拱比魏村戏台和王曲村戏台丰富，构件有所增加，更为繁复。有研究者从模糊不清的石柱上部题记上分辨出元至正五年（1345），这个时间比魏村戏台晚62年。在戏台进化史上，元中期开始戏台左右两侧逐渐封闭，观众只能从正面看戏，后土庙戏台就是典型的这类戏台。戏台南墙上有一幅线条流畅、富于动感的《钟馗捉鬼图》，图中钟馗正挥舞着飞刀，向怪兽施威，怪兽做挣扎状，画面动感十足。

后土庙戏台

魏村牛王庙戏台、王曲东岳庙戏台、东羊后土庙戏台，这三座元代戏台是名副其实国宝级文物，分布在方圆不过 10 公里的范围内，可见元代平阳（今临汾）地区戏曲艺术兴旺发达。对 800 年前的先民来说，在戏台旁看戏是日常生活中的乐事。或许关汉卿的名作在这几座戏台上演出过，或许广胜寺水神庙壁画上的中都秀戏班曾在此献艺。

汾城古城

现今的襄汾是 20 世纪 50 年代由襄陵和汾城两个千年古县合并而来。汾城县曾长期名太平，作为县城时间长达 1321 年。汾城保存至今的古建群有 2 万平方米，古城重要建筑大多尚存。

汾城古城十字街居中位置是鼓楼，是整个古城中心。小镇商贸发达，街道宽阔，两侧都是各类商铺。鼓楼为重檐十字歇山顶，清康熙时重建，现状是 2000 年时当地民众集资修缮后的样子。

鼓楼南行后右侧有条巷子拐进去，前方是座类似南方廊桥的建筑，在桥上面加盖木构长廊，用来遮蔽风雨，这在北方很少见，这是始建于金大定二十三年（1184）的洪济桥。历代土石淤积，桥面以下已看不出原来的模样。据记载桥身为石砌单券单孔拱桥，券顶雕吐水龙首。单檐歇山顶的廊桥五开间，历代均有修缮，清乾隆时将桥廊木柱换成石柱。桥下是现已断流的汾河支流。

回到南街，社稷庙里合祀土地神（社）和谷神（稷），这在其他地方还未见过。汾城社稷庙始建于明洪武年间，以后多次重修。建筑格局基本完好。有献殿、大殿、钟鼓楼和东西厢房。献殿是三开间卷棚歇山顶，四周无墙，是一通透开敞的内部空间，一方面方便祭祀，另一方面也方便坐在殿内观赏南面倒座戏台上的演出。

献殿逐层叠加的斗拱、雀替、额枋都是精美的清代木雕作品。钟鼓楼上有雕刻繁复的藻井。大殿三开间悬山顶，前出廊，夸张的装饰性斗拱和献殿一样繁复精细。

鼓楼东街北侧有汾城县衙和关帝庙。县衙大堂始建于唐代，康熙时重修。粗大的普拍枋笔直贯通，很有气势。开间大，内部空间开阔，适合办公。关帝庙大殿坐东向西，始建于元大德四年（1300），五开间，歇山顶。

鼓楼西街尽头有一座残塔。原为文峰塔，祈祷太平县文风昌盛。始建年代不详，现状高 24 米，六角九层，塔基周长 20 米。第一层较高，以上逐渐收窄。正南立面上有券拱门洞，正北立面上有 3 个券拱门。塔身中空，阳光可以从门洞照射到塔内。站在一层抬头仰望，光影交错的塔顶分外明亮，纯洁的暖阳下如入天宫。

在鼓楼北街上，可以看到文庙威武的棂星门。文庙院落开阔大气，古树参天，泮池居中，过桥是大成门。门内外两侧廊下有多通石碑，记载历代修缮文庙情况，有一通是元至正六年（1346）的《太平县修崇文庙碑并叙》。据说汾城文庙始建于

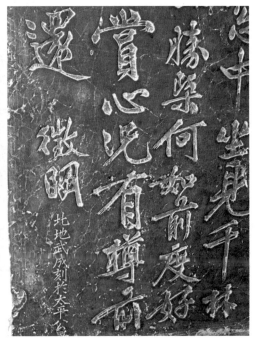

文峰塔内仰望的景象　　　　　　　　大成门内明代文徵明诗碑摹本

唐，重建于元至元六年（1269）。门内有明代书法家文徵明的《虎山桥》和《宿碧照轩》两通诗碑摹本，笔力雄健有力，保存完好，是书法界的重宝。

　　文庙大成殿五开间重檐歇山顶，前后围廊环绕，前出抱厦。从大成殿后出庙就是城隍庙，城隍庙建于明洪武二年（1369），是汾城镇古建群中保存最完整的一处。城隍庙在文庙后，隔着一条小巷。巷子两侧各有一精美木牌坊。城隍庙前石旗杆、五彩琉璃影壁，紧贴文庙后墙。明代琉璃影壁上蟠龙腾飞，两侧楹联浅显易懂，又富于哲理，朴素中见智慧。

　　城隍庙木雕门楼历经几百年风雨，雄浑中透着精细。山门内台基上的是倒座戏台，悬山顶前檐抱厦，左右出廊，戏台空间增加不少，还分出前后台。

　　戏台与献殿的距离足有三四十米。十字歇山顶的献殿覆绿琉璃瓦，精细木雕、八卦藻井。献殿后是主殿，曾长期作为粮库使用。五开间悬山顶，梁架为元代建筑

城隍庙

风格。东、西两侧的钟鼓楼是重檐十字歇山顶建筑。

汾城古建群的价值在于保存了明清以来县城建筑体系。汾城看似残破，却能找到一些沧桑的感觉。协调好古建保护和开发的关系是汾城未来发展的关键。

襄汾仓头伯王庙重生

襄汾县南贾镇汾河岸边仓头村里有一座仅存正殿的古庙，名为伯王庙（虞帝庙），是祭祀伯益的场所。

仓头伯王庙东侧是汾河河谷，河东有伯玉和伯社两个村。伯玉村旧名伯虞村，伯虞即伯益。伯社之名显然也与伯益祭祀有关。汾河两岸这一带是伯益崇拜集中的地方。

伯益，先秦文献中的史前时期部落首领，大禹治水得力助手，开荒、制井等农业文明的开创者。伯益威望高，大禹去世后禅让于伯益。有一说法是大禹之子启武力打败伯益，建立了中国历史上的第一个王朝夏，也有说法是伯益让位于启。伯益在农业文明初期有开辟之功，几千年来，后人对伯益的祭祀一直传承至今。

明清时，伯社村（古名北社村）伯益墓和伯益庙得到当时太平县政府修缮和维护。墓和庙的日常维护有专项田产支出。汾河流域的伯益祭祀场所还有一些。汾河下游新绛县稷益庙是祭祀后稷和伯益的场所，因保存明代精美壁画而著名。清代闻喜县赵村有伯王庙。《山右石刻丛编》卷 34 收录元至顺四年（1333）《伯王庙碑》录文，记载赵村伯王庙也是祭祀伯益之地。

晋南地区汾河流域作为华夏文明重要发源地，已是学界公认的史学考古重地。结合尧、舜、禹故事，汾河中下游的伯益祭祀不是简单的神明膜拜，应与汾河流域早期农业文明发展密不可分。

仓头伯王庙现存正殿，面阔三开间，进深四椽，硬山顶是清代所改。前檐下

2018 年 4 月，年久失修的伯王庙

2021 年 1 月，修缮后的伯王庙

用大额枋木，施单下昂四铺作，当心间为板门，次间已改。门砧石上存有珍贵题记，年款至正十五年，可见伯王庙在元至正十五年（1355）曾有过一次大修。门砧石和部分金柱应是那次修缮更换的。梁架木构可见元代多见的蝉肚纹饰。殿内部只存两根内柱支撑梁架。梁架可能在明代被改动，但前檐下铺作有明显元代建筑结构风格，幸存的元代题记是重要的时代信息。

　　文物不可再生。近年来一批早期古建文物得到修缮转危为安。在山西，还有一批类似伯王庙的早期古建，还没有得到修缮资金支持，亟待有针对性的保护措施。抢修一处文物，就是留住一段历史的记忆。伯王庙应该得到保护。

　　幸运的是，我呼吁修缮伯王庙的文章得到了山西省文物局、媒体朋友、各地师友的关注。山西省文物局多次在会议上提到仓头伯王庙修缮问题。襄汾县文物部门和爱心企业多次为伯王庙修缮一事奔走献策。

　　2018 年的一年中，我曾 4 次来到伯王庙。当年 10 月底时传来了古庙开始修缮的消息。修缮工程进展很快，木工部分在 2018 年入冬前就已完成。这要归功于我们的祖先，他们在选材和做工方面采取了高标准，几百年后，伯王庙正殿的主体木构梁架还大体完好，为修缮的顺利和高效奠定了基础。

2019 年 3 月 23 日，我组织来自全国各地的 40 多名古建文化爱好者来到伯王庙修缮现场，参与体验古建修缮工程。大家通过亲身感受，实现了为古建修缮添砖加瓦的愿望。

现在的仓头伯王庙已转危为安，开启新的历史，我们是古建重生的见证者。在这个事情上，我仅做了一点推动，得到多方鼓励支持，也深感众人拾柴火焰高的意义，做成任何一件小事，都是各方力量汇聚而成的结果。

仓头伯王庙已于 2021 年 8 月成为第六批山西省级文物保护单位。

2019 年 3 月我组织各地文物爱好者在伯王庙现场体验古建修缮

唐人居　隐于乡野的晋作家具作坊

从基本失传、出现传承断层，到走上复兴之路，现在唐人居晋作家具制作工艺已是国家级非物质文化遗产。

家具博物馆里多是开创者曹运建几十年来的收藏品，大多是山西，特别是晋南家具的代表作。上千件展品把房间堆满，还有更多藏品放在仓库。博物馆里首先看到的是家族神龛。

第二展厅展出各类实用工具。古人常将使用功能和审美价值一起考虑，在用具的设计上也可见到。如制作醪糟外箱上有戏曲人物画像，仿佛是件艺术品。

第三展厅是各类室内木构件展览，可见各类雕刻精美的花板、条案、摆件、小轿。

唐人居工作车间木家具纯手工制作

最后进入家具展厅，这里是唐人居的产品区。产品均采取传统手工做法制作。古人讲究坐派，试试传统圈椅就知道。坐要端正，这类椅子坐上去自然就有这个感觉，而且靠背符合人体曲线。

工作车间里一件件木料要先进入蒸汽烤房里加温去湿，然后才能进入流水线。现在常看到古建修缮后的大料上出现巨大裂缝，就是因为水分未充分去掉就仓促使用。唐人居的烤房工序是在做必备的基本功。从烤房出来的木料要根据需要裁切为各种板材，再进入木工车间，由师傅按照家具构件进行组装。如果有雕刻工艺，在木工组装前也要提前做好。组装后，再进行刮磨、上漆。上漆之后根据需要再添加，如有的家具有描金环节。最后再进行打磨。

传统家具，从小座椅到架子床，无不体现传统文化的价值偏好。对器物的精细打造，来自对自然的尊敬。现在制作流程中虽已有机械设备辅助，但最核心的部分还是要人工完成。

隰县小西天

彩塑是山西文物中非常引人注目的艺术高峰。在山西现存的彩塑中，悬塑尤为文物艺术爱好者和研究者称道。隰县小西天即是山西悬塑的一流杰作。

隰县古称隰州，是吕梁南部山区县。小西天古建群在县城北部的小山谷里。一座小山，因形似凤凰，被人们称为凤凰山。明代有五台山僧人来此募资建寺，目前的建筑群为明崇祯年间格局，殿内著名的彩塑群完成于清顺治初年。

小西天是为区别县城南的大西天的俗称，正名是千佛庵。凤凰山前出现一池碧水，孤峰独立的凤凰山倒影正在水池正中，风景美轮美奂，让人心生向往。

从凤凰山下沿石阶而上，走200多阶来到山门处。四周群山环抱，树林已经把外界喧嚣隔绝开来。进入山门，沿西侧小台阶再入二门，就如门上题字，"道入西天"了。小西天地处小山顶，建筑格局限于地形，非常有限。从二门绕进来，看到整个古建分为上下两院。下院正中是三开间的石窑无梁殿，殿内有精美的小木作

小西天大雄宝殿内塑像

天宫楼阁和铁佛，均为明代遗物。从侧边踏道向上，就到了上院，居中大雄宝殿坐西朝东，五开间，硬山顶。左右文殊、普贤殿分立。著名的悬塑在大雄宝殿内。

殿内是按照五佛设计的彩塑世界。正面五开间分供奉五佛——当心间释迦牟尼佛、北次间毗卢佛、北梢间弥勒佛、南次间阿弥陀佛、南梢间药师佛，五佛端坐莲台之上，仪态祥和。每佛龛之上和两壁之间都是叠层楼阁，各自为一道场。五佛前两侧各有胁侍菩萨和供养菩萨。五佛上方彩绘和悬塑均为不同空中楼阁天界：释迦牟尼佛上方是西方圣境，毗卢佛上方是龙华三会，弥勒佛上方是明王宫殿，阿弥陀佛上方是金色世界，药师佛上方是极乐世界。山墙上也是悬塑，北壁悬塑是三十三天佛教故事诸天法会，南壁悬塑是琉璃世界，包括西方三圣、四大天王、十二乐伎等。山墙下有暖阁，每阁前各塑五位佛弟子立像，形象传神。为增加室内空间感，从暖阁中走出的童子像，可谓点睛之笔。这应是宋元以来流行的"妇人半

小西天悬塑

小西天彩塑

掩门"建筑装饰的再创造。抬眼望去，殿内肉眼可见的都是悬塑和彩绘，所有梁架结构都被悬塑遮蔽起来。明清时期是传统彩塑艺术衰落阶段，但也不能否认还有精品传世，隰县小西天的悬塑世界就是代表。

据统计，殿内彩塑千尊以上，高度从几厘米到3米，体量悬殊。每个个体的艺术形象既传神又鲜活。这是明清之际民间艺术家的杰作。几百年过去，殿堂内的彩塑作品却如新塑一般，一尘不染可能有夸大，但闪闪发光的金色不会说谎。

在一些晚期殿宇中常有各类造像密集之感，感觉质量不够，数量来凑。但隰县小西天的悬塑数量惊人，质量更是惊人的上乘。

明清之际朝代变迁，社会动荡。隰县偏在一隅，或许所受影响较小。当时人们创造如此美妙的悬塑群，应该也有表达希冀社会安康，天下太平的愿望。

第四篇

——

晋东南　太行深处

在山西，晋东南是偏远的，这里的长治和晋城地处太行、中条、王屋、太岳几条山脉之间，地势明显高于周边，古人取"与天为党"之意，称之为上党。晋东南森林覆盖率高，自然环境复杂多变。太行山南段山高谷深，孕育了王莽岭等雄浑绝险之地。险峻的高山峡谷间满目苍翠，峰回路转，还能看到高山瀑布，更有挂壁公路、高山之巅石头村的奇景。

这里又是太行山东西两侧的捷径，是军事要地。长平之战，秦军大胜，奠定秦一统天下的格局。中古时期，佛教兴盛，石窟寺艺术遍布晋东南的山川，青莲寺、开化寺等名扬天下。金元以来，民间崇拜、多元信仰创造出更多艺术杰作，多见二仙庙、三嵕庙、府君庙、汤帝庙、玉皇庙等民间祭祀场所。

这里现存元代以前早期古建数量全国第一，明清古迹触目皆是。行走浊漳河谷黄金路是古建爱好者的必修课。高平元代姬氏民居是公认现存最早民居。明末社会动荡，推动了晋东南民间堡垒的修建。沁河流域明末清初的原生态村落群至今大体完整。

山那边凝固的历史

泽州古迹

晋城的名字比较晚才使用。从隋朝以来，泽州一直是这里的地名。如今晋城市和泽州县并治一地，晋城为市区，泽州县辖区大体是郊区范围。相对封闭的环境和较适宜的气候，使晋城保存下众多文物古迹。

老街古桥

老街是老城最主要的街道，两端各有一座历史悠久的古桥，至今仍在发挥作用。

东边的景忠桥修建于元至正年间，初建时木构结构，明弘治年间仿照西边金景德桥改建为单孔石拱桥。景忠桥的名字源自它旁边的景忠庙。所谓"忠"是指五代初期泽州将领裴约在抵御后梁军队的战斗中壮烈战死的事。北宋时有景忠庙祭祀裴约。现在晋城一中是原景忠庙位置。景忠桥被覆盖上沥青路面，桥头石象和桥洞上方的含珠兽头完好。继续西行就到景德桥。景德桥始建于金大定二十九年（1189），明昌二年（1191）完工。巧合的是，著名的北京卢沟桥和景德桥是同年开始修建的，它们同岁。景德桥桥面长 30 米，拱高 3.7 米，跨度 16 米，大拱宽 6 米，和赵州桥类似，大拱两侧肩部各有一个小拱减少洪水冲击桥体时的受力面积，不仅增加过水量，而且节约材料。兽头和景忠桥的十分相似，桥头没有石象。景德桥附近是西街玉皇庙，是带偏院和戏台的一进院，旧时寺院建筑和范围比现在要大许多。墙壁上刻康熙年间《重修玉皇大帝前侍卫诸神小记》上说："西街庙奉敕建也，非淫祠也。"

珏山青莲寺

泽州周围连绵的丘陵山谷间隐藏着无数文物古迹，随便走走就可能看到青莲寺、岱庙、玉皇庙、二仙庙这类保存下来的古寺庙。

自晋城市区的公路穿过丹河进入山谷。公路左侧出现一条锯齿状的山脊，最高处有复建建筑，这是珏山。公路右侧是硖石山，山坡上就是著名的青莲寺。青莲寺分上、下两部分。最初只有下寺，也称古寺。寺院繁荣又在半山上开辟新寺，即上寺。山门处仰望对岸珏山主峰，历历在目。寺前是晋城赏月最佳地点，满月从珏山双峰间跃然于湛蓝夜空之上，即"珏山吐月"景观。

北齐天保年间（550—559），僧人慧远在此草创寺院名"硖石寺"。历经千年来多次破坏和重建，下寺现存主体建筑是正殿和南殿，比建筑更珍贵的是殿内塑像。正殿佛坛上幸存释迦牟尼佛，文殊、普贤二菩萨和弟子阿难、迦叶，供养菩萨等六尊彩塑，是仅存的三大唐代寺院塑像群之一（其他两处在佛光寺和南禅寺）。塑像形体圆润，姿态安详自得，是大气华贵的唐代风格。

南殿内有彩塑 12 尊，一佛二弟子二菩萨彩塑 5 尊是宋代作品，其他为后代所作。殿内唐碑《硖石寺大隋慧远法师遗迹记》碑首上的佛殿图，勾勒出唐代古寺的布局。

沿山侧小路向上走几百米是半山上的上寺。上寺有三进院，第一进院中是二层楼阁式的建筑藏经阁。一般藏经阁建在寺后，此阁有历代修缮痕迹。门前有一对蹲狮，应是唐代遗物。四个转角铺作上各端坐一力士塑像为角神，是生动且少见的

青莲寺内藏经阁

建筑装饰。下层外墙上有仿木斗拱和精美的砖雕。

　　二进院中的释迦殿单檐歇山顶，出檐深远，琉璃脊饰。台基上的大殿稳重、大气。门楣上可见北宋元祐四年（1089）题记。门框上有精美花卉线刻。大殿外壁和檐下保存有历代修缮碑刻十多通。殿内现存4尊体量较大的宋代彩塑。释迦牟尼佛居中，莲台下的须弥座束腰部分四角塑四力士。东莲台上是普贤菩萨，须弥座束腰部分塑白象头；西莲台上是文殊菩萨，须弥座束腰部分塑狮子头。另有一尊阿难立像。整组塑像表情自然，比例和谐，为宋塑杰作。

　　据石柱题记，释迦殿左右的罗汉堂、地藏阁建于北宋建中靖国元年（1101）。罗汉堂内是广法天尊和十六罗汉彩塑，广法天尊居中半结跏趺坐，头戴花冠，肩披大巾，腰围羊肠大裙，胸佩璎珞。罗汉生动传神。地藏阁内是地藏菩萨和十殿阎君，均为宋塑明代重装。近年青莲寺部分彩塑修缮过度，旧貌不存。

　　罗汉堂下后墙上刻有北宋政和八年（1118）《罗汉碑记》，详载五百罗汉名号，是已知最早记录五百罗汉名号的碑刻。最后一进院主殿大雄宝殿近年重建。院内千年雌雄银杏树和"子抱母"古柏是古寺奇观。

青莲寺附近岩壁还有历代摩崖造像和石刻，均为古寺历史文化重要证据。

冶底岱庙

泽州南村镇冶底村在商贸古道上，曾辉煌一时。这里是当地的"煤铁之乡""冶炼之山"，也体现在村名上。

岱庙即东岳庙，东岳庙在泽州境内有多座，冶底岱庙保存最完好。

凡有古庙必有古树，冶底岱庙门西有一棵高 25 米的千年"银杏王"，胸径 3 米、树冠覆盖 100 多平方米，据说是山西现存最大一棵银杏树。庙内有两棵参天古柏，主干都在一人高的位置，分成两支入地，是"人字古柏"。

岱庙山门面阔三间，单檐悬山顶，前有廊，柱头铺作双下昂五铺作，要头为蚂蚱头，补间隐刻拱。前檐下原木柱，柱础素面，侧脚明显，应是在金元时期修建的基础上，在明代修缮。

岱庙分上下两院。下院有鱼沼和竹林美泉。鱼沼也叫放生池，古人在设计时自北侧墙壁石雕龙头处引来泉水，流入池中。水边墙下是几片翠竹。在有限的地方营造出清幽的气氛。

后院是个整齐的院落，正中是天齐殿，殿前四根方形石柱和覆莲柱础是宋代遗物，石柱上有北宋元丰三年（1080）施柱题记。

大殿面阔三间，进深六椽，前设两架廊，单檐歇山顶。柱头斗拱双下昂五铺作，要头为蚂蚱头，普拍枋较薄，阑额不出头。当心间为青石门框，板门，次间为直棂窗。门框和青莲寺上寺释迦殿、高平西李门二仙庙的门框类似，线刻精美，图案有龙、狮、莲花、牡丹、童子等。门楣上有金大定二十七年（1187）题记。下部门砧石上雕卧狮做玩耍嬉闹状，刻工精湛，生动传神。内部梁架四椽栿压前乳栿用三柱。天齐殿左右各三间垛殿。

院落南部中间是著名的金代舞楼，为正方形，一开间十字歇山顶亭式建筑。

岱庙舞楼

四角石柱，只有东北角的那根石柱东立面上有花草、童子等图案，其他三根石柱素面且质地不同。檐下施双下昂五铺作，琴面昂，耍头为蚂蚱头。形制和大殿前檐铺作基本相同。屋顶平缓，出檐深远，结构精巧，有文章记载石柱上有金正隆二年（1157）题记，现已无法看到。南面有墙，其他三面为开敞空间，颇有早期亭式戏台遗风。部分构件如垂花柱为明代修缮所加。

天空湛蓝，放生池里鱼群游动。宋金元合体的大殿，更为研究者推崇的舞楼，优美的环境，千年来一直是民众向往之地。

府城玉皇庙和关帝庙

元代壁画最佳者无疑是永乐宫《朝元图》。元代彩塑最佳者，目前看法比较一致的是玉皇庙内雕塑珍品——二十八星宿像。

泽州府城村西侧土坡上布局完整的古建群就是闻名海内外的玉皇庙。沿缓坡而建的玉皇庙拾阶而上有三进院。

头道山门为新建。二道山门左侧是六瘟神殿，右侧是地藏殿。外接东侧鼓楼、西侧钟楼。西厢房有咽喉殿，东厢房有文昌殿。

中院核心是成汤殿，建于金代，面阔三间，进深六椽，无补间斗拱。殿内神坛上精致的二层木构楼阁，下层内有汤帝像，上层有"皇帝万万岁"匾。门砧石上有元代题记：元贞元年（1295）七月廿八日刘宽记。东垛殿为东岳殿。西垛殿为三王殿。东厢房有药王殿、五道殿，西厢房有高禖祠、老君殿。

后院主殿为玉皇殿，殿前是献亭。玉皇殿始建于宋熙宁九年（1076），面阔三间，进深六椽，单檐悬山顶，前檐下有廊。正脊琉璃件上是二十八星宿像，金泰和七年（1207）作品，足以传世，现保存在晋城博物馆里。

玉皇殿神坛上居中的是木围屏前的玉皇大帝坐像，周围是嫔妃、侍女和文武臣子像。细细品味，与晋祠圣母殿的侍女像神似。

玉皇殿东侧垛殿是三垣殿，西侧垛殿是四圣殿。东侧厢房有风伯殿、十三曜星殿、蚕神殿、太尉殿，西侧厢房是雨师殿、十二辰殿、二十八宿殿。

玉皇庙三进院共有 14 座殿，殿内有 260 余尊历代彩塑，从玉皇大帝到马神、瘟神，艺术展现了道教的诸神。其中精华二十八宿泥塑是艺术珍宝。庙内清代碑刻上记载宋时已有二十八宿殿。尽管彩塑的作者未知，但这里把古代天文学的 28 个星座与唐代五行家袁天罡确定的 21 种动物连同金、木、水、火、土、日、月融合，造就了"虚日鼠""房日兔""亢金龙"等神话人物，有老人、妇女、文臣、武将形象。

近观杰作，如人似神，动作逼真，形象极其超脱。震撼，诡异，怪诞，无法言表的人神之间穿透的氛围，是在其他彩塑前从未有过的，是古代艺术家创造的塑像杰作。

村口高大威猛的关帝庙是清代作品，结构完好，现有四进院。中轴线上最重要的建筑是关帝殿，面阔三间，进深八椽，和玉皇殿一样前檐下有廊，亮点是前廊四根霸气石柱。

走近关帝殿，前廊上的四根滚龙透雕石柱柱础各雕一只威猛石狮。每根石柱上缠绕双龙，民间称"滚龙透花柱"。关帝殿梁架、门楣、廊檐、

玉皇庙二十八宿彩塑是其最大的艺术亮点

府城关帝庙三义殿前廊的石柱雕刻

砖墙上有石雕龙、木雕龙、砖雕龙、琉璃龙等不同材料雕刻的龙，成了"众龙大会"。

三义殿是后殿，面阔三间，进深六椽。这座殿前廊四根柱上采用精致的高浮雕、透雕手法，成为关帝庙的最大亮点，雕刻内容是戏剧故事、民间传说等。

第一根柱上雕汾阳王郭子仪故事。

第二根柱上雕瓦岗寨群雄，程咬金、秦琼、罗成等人物。

第三根柱上雕姜太公钓鱼、踏着风火轮的哪吒、展翅飞翔的雷震子、游走地下的土行孙等《封神演义》神仙。

第四柱上雕唐代百岁老人张公艺九世同堂故事。

这组清代石雕精品不逊于晋中晋商大院的作品。

大箕玫瑰圣母教堂

从晋城市区向南的晋豫古道上路过大箕村。大，当地方言读"代"音。教堂在路西边高坡上。

这里有一体量巨大的独立岩石，边缘呈直角，东西长约 100 米，南北宽约 40 米。岩石上建起城墙，城墙上有垛口，只在东南角上有一门出入。巨石早被民众利用。不远处，有一处古城堡遗址，称大寨。这岩石上的城

独立岩石上的教堂

堡较小，人们就称其小寨。城墙上射孔完好，下层还有储存洞。

　　从西侧平视，田野里的古堡教堂宛如一艘满载的航船，让人联想到诺亚方舟。

　　这座中式城堡大门，下是拱门，上有三开间硬山顶建筑，前檐下有廊可以眺望。

　　进门处墙壁上书"爱""忍"二字。眼前一条缓坡通道。左侧是四座二层砖石建筑，曾为粮站使用，现是信众住处，右侧是自给自足的菜地。城墙边上是教堂的水井房。再向里是主体建筑——玫瑰圣母堂。这座中西合璧的教堂，正房房顶是中式硬山顶、小房攒尖顶，正房七间，东向正门，南向中间开南门。建筑外立面是拱形门窗、三角形线条建筑装饰。东向正门外立面设罗马柱、圆窗。教堂边的墙壁上画有太阳照耀下的一方巨石，上书"磐石"。

　　这座中西结合的建筑，在遍地古建的山西只是个小字辈，但它将中西文化结合，将自然和人文美感结合，成为迷人之地。

教堂南侧面

沁河古村

一条蜿蜒于晋东南山区的沁河哺育了几十座古村落，它们是北方山区传统村落的典型，破败的大院高墙间，沧桑尽显，它们没有晋中大院的气派，却有山水宜居田园耕读的古韵。

窦庄郭壁

窦庄是沁河流域现存几十座古村里最北边的一座。从沁水上的小桥进入村子，旧时这里水流很大，还有一个码头在这里。

窦庄之名来源于北宋在此发迹的窦氏家族。明代窦庄的兴旺家族转为原是窦氏墓地守墓人的张家。张氏家族发家始于明万历二十年进士、南京大理寺卿张五典，其子张铨抗击后金被俘，拒降自尽。晚年的张五典主持修筑窦庄防御工事：内外两城，九门九关，当地有"金郭壁，银窦庄"的说法。崇祯四年，农民军王嘉胤部入沁水。张氏族人请张铨妻霍氏避难，但霍氏毅然率族人与入城避难乡民坚守，围兵退去，此后窦庄获"夫人城"美誉。后张铨子张道浚与农民军激战沁水，在他的倡导下，当地先后建起几十座堡寨。

窦庄古建民居近年来得以逐渐修缮，街巷格局大体未变，长、宽均约500米，现存古建4万多平方米。老宅约占80%，尚存几十处相对完整的院落。城堡外墙已不存，内墙存几百米长，小北门、南门尚在。原有各类宗教建筑十多处，其中佛庙现为村委会所在，为一进院，木门楼在靠街东墙南侧。

佛庙正殿坐北朝南，三开间悬山顶，进深四椽，前出一架廊。前柱当心间为八棱石柱，外间为抹角四方石柱，上施大额枋。西耳房前立至元二十五年（1288）《沁水县窦庄村新修佛堂记》。结合元清时期记载，佛庙不仅是佛教祭祀地，还有村落学堂功能。

窦庄民居多为一进四合院。家族宅落之间有门互通。村内小街巷多为丁字口，据说和便于防御有关。窦庄民居是晋东南典型"四大八小"风格，正房、倒座、左右厢房为"四大"，"四大"左右各自耳房为"八小"。单体建筑多为三开间二层设计，砖木混合结构，硬山顶。条石基础，砖砌墙，砖拱门窗，木门板方格窗，二层出挑廊，类似现在的阳台。等级高的二层廊可贯通三间，有木或砖楼梯上下，讲究些的楼梯隐藏在正房两侧，整体视觉上比较整齐美观。

窦庄几大家族院落尚存不少遗迹。张宅有尚书府上下宅。上宅总体布局棋盘六院，府门朝东，门头砖雕斗拱，石匾阴刻"尚书府"。下宅三院，南院为两进院，街口处四柱三门式的牌坊大门楼高大雄伟。贾宅砖雕门楼砖匾刻"怡善"，左、右影壁墙上分刻"忠""孝"。

郭壁在明清之际成为水陆商贸重镇，主街长 2.5 公里，两侧二层店铺林立。郭壁现在被分为郭南和郭北两个村，从北门进入，沿一条南北主街可以一直走到南门。

据说郭壁历史上出过 16 位进士，主要来自张、王、赵、韩四大望族，"韩家进士第"是老街上最显著的一座老宅。韩范，明万历十四年进士。魏忠贤当政，韩范离职还乡，多有著述。韩宅现存高大门楼、石狮、抱鼓石。进门迎面是精美影壁砖雕。两侧各有一个院。南院门楼石匾上书"雍肃"。

韩家南边是王家两座大宅。长 100 米的小弄堂里有 6 个小四合院。门上匾额书"耕读""敦睦""大中第""进士第"。山坡上的巷道用长石条铺就，旧时书院门上石匾刻"青细里"。

郭壁有多处祭祀场所，保存最好的是村南的府君庙。从庙内的明嘉靖七年（1528）《郭壁府君庙重修记》可见，创建可追溯到宋元丰八年，历代重修。现存二进院，有山门、正殿、钟鼓楼、舞楼等。山门兼倒座戏台，为明清建筑。后院正殿面阔三间悬山顶，前设廊，为明代建筑。院内单檐歇山顶舞楼平面正方形，山花朝南北，飞檐高挑，有琉璃瓦脊兽。立柱和阑额用材粗大有力，立柱生起、侧脚明显，斗拱层叠，藻井完好。舞楼三面通透只南面一侧为实体墙，大额枋上加普拍枋和窦庄佛庙正殿类似，内部多有垂花柱装饰。据碑刻资料，府君庙是明天启三年

窦庄古民宅院落

（1623）因河水泛滥搬迁至此。总体上看，这座舞楼为元建明修，早期特征和后期
修缮情形均很鲜明。

湘峪山城

湘峪河谷里坐落着上半峪、下半峪和湘峪三个村，湘峪最气派。湘峪河在城
墙外，是天赐"护城河"。经过这几年的修缮，古城格局未变，整体观感尚佳。民
房据地势高低错落而建，墙体东西长度不到300米，南北宽约150米，山水环抱间，
颇有些气势。城有东、南、西三门，四角有角楼。进入南门，发现左右各有窄巷，

湘峪山城

城墙分两层，墙内遍布小室，号称"藏兵洞"，外层墙顶有马道，内墙的上部高出外墙顶部，有小窗可以射击。凭多层走廊和串联运兵道，即使外敌突破城墙，也会在两道城墙间遭到沉重打击。

城内民宅号称"五纵三横"棋盘式格局。老街巷依自然地势弯曲，很少垂直交叉，增加了古城的纵深感和层次感，内部空间显得比实际面积要大。很多古宅本是大家族聚居，高墙之内，还有侧门和过街楼相连。官宅院、望楼、孙氏祠堂、九宅小院、双插花院等是古城内比较完整的院落。湘峪院落平面展开受限，更多构思放在了立体空间的延展上。明三暗五的正房普遍高大，多为二三层，外墙上多见券拱门窗。湘峪古城的声望是与孙氏家族分不开的。明清时湘峪人以《明史》有传的孙居相、孙鼎相兄弟最著名。孙鼎相宅邸前院门匾书"文武衡鉴"，厅堂门匾书"四部首司"，详细记录其历任官职。

孙鼎相宅内高达五层的望楼最突出。砖石结构三开间，高达25米。一到四层均南向开三窗，第四层在东西又各开一窗。第五层硬山双坡顶，南向有廊，其他三面各开一窗。多窗利于内部通风，也便于瞭望古城内外，是城内制高点。

湘峪另一处独特民居是崇祯十一年建成的双插花院。北方民居里一般高度一致或中间高、两边低，主次有序。但双插花院却是中间砖木结构的三层正房低于两侧高达四层的砖石结构的耳房。东侧耳房是一开间，西侧耳房却为两开间。

尉迟屯城

尉迟村，"山药蛋"派作家赵树理的故乡。屯城村，明代名臣张慎言的老家，两村隔河相望。

和窦庄郭壁对比，尉迟村的民居多已翻新。赵家先辈在清中期曾担任官员，到赵树理一代已败落。村内有赵家两座院，其中西院本是前后院，前院已毁，现剩内院。这是个砖木结构四合院，明三暗五，东西厢房三间，南房已毁，其他三面是砖木二层，上层出廊。一层和二层之间有木梯相连。西房二层是赵树理出生的地方，也是他长期居住生活和写作的地方。屋内保存着土炕、书籍、桌凳、油灯等物品。那些脍炙人口的小说《小二黑结婚》《李有才板话》《三里湾》等均来源于赵树理的日常生活。

屯城村也是古村，名字的来历和秦将白起有关，是其长平之战时屯兵之所，北面是武安村。屯城隶属阳城县，村里历史上最有名的人物是明末名臣张慎言。

张家是村内望族，张慎言的外祖父是上庄村的王国光，他是明代张居正改革时期的吏部尚书。张慎言是万历三十八年进士，官场几度沉浮，颇多坎坷。清军南下，张慎言在南京任吏部尚书，不久隐居于安徽宣城等地。清军攻克南京后，张慎言患病拒绝服药而死。其孙张泰交在清代任浙江巡抚。最盛时张宅占了半个村，大部分老屋自生自灭。张家内宅门木匾上书"恭俭惟德"，书房院门木匾上书"种德耕心"。此外还有"作德日休""树德勿滋"等，可见张家以修德为中心的家族规范。

在村东南的高坡上有一座东岳庙，紧邻煤矿。近年来，东岳庙已经得到政府

屯城村东岳庙内

修缮，确保了文物的安全。

东岳庙内居中是正殿，左右有垛殿和钟鼓楼。台基为须弥座，束腰部分有严重风化的力士像，石板上浮雕凤鸟、游龙尚在。青石面上可见"时泰和岁次戊辰年己未月功毕"，后为匠人名字。可见此台基为泰和八年（1208）造。台基之上的正殿三开间，进深六椽，前檐柱头三昂六铺作。前设两架廊，后代改造又前加抱厦。当心间有板门，前檐下四根青石石柱为金代风格，满布线刻精美的蟠龙和花卉图案。东侧石柱上有"承安四年四月十二日立柱匠人潘济明"字样。其他石柱上均刻有"张格、张敏、柴椿、赵显四人同施"字样。可见石柱为承安四年（1199）立。两处题记结合梁架，正殿为金代建筑。

东西垛殿均为三开间，进深四椽的悬山顶建筑，前设一架廊。东垛殿前檐下四根砂石抹角柱，南侧均为团花浮雕，东侧柱面有大安二年（1210）题记。

院内台基上的戏台面对正殿，为单檐歇山顶，面阔三间，进深四椽，副阶周匝，内部实为一间。北侧石柱下圆形柱础和正殿前檐下类似。和郭壁府君庙舞楼一样也是三面开敞，南面做实墙。

上伏上庄郭峪

沿沁水东岸南行不久是上伏村。这一带的上、下伏和上、中、下三庄5个村子几乎已经连成一线。除下伏村在河西外，其他4个村从上伏依次向西排列。上伏村口，大庙高大的山门和钟鼓楼前是个小广场，一条古商街东西延伸到村内，串联起七八十处明清院落。上伏几大家族宅邸横向延展出多个组合套院。二三层的围合形式高低错落，到处可见，是一座原生态古村。

村口的大庙称成汤庙。成汤庙在前，文庙和武庙并排在后成品字，形成三庙合祀于一的独特格局。三庙彼此连通，共有五院。庙前东西大街长800米，是村内公共通道，也是商道。旧时往来沁水、阳城商旅都从此经过。临街多为一二层商铺。大街两侧延伸出十多条小巷，把村内的院落串联在一起。清中期以后，建筑内院多在二层做木挑檐廊，有的四面廊连通，称跑马廊。上伏的几大家族多为商业家族，最著名的是世德堂。上伏村赵家的生意在华北和江南都有，世德堂是商号也是宅院的堂名。现存的世德堂大院北邻主街，包括 13 个大院，1 个小花园。南北小巷把赵家院落分为东西两半，几个院落分列两侧。赵家低调富足而殷实，务实勤勉的家风在各宅门的石匾和木匾上多有体现。

西街上的李家大院是晋商李焕章故居。李家是本地著名商家。大院坐东朝西，整体呈"L"形布局。村西券门旁边是已废弃的文昌阁，东侧小巷里是栗家大院。大院外门简单，墙体上开一门，上书"但愿人学好"。房屋分布在大院内部东西小巷两侧。重要建筑均在北侧。最里一院的正房高三层，均出木廊，左右厢房为砖石两层。正房西北角还有高四层的瞭望楼，小院空间紧凑，很有气势。

赵家老宅格局完好

上伏村东边上庄村的著名人物是号称"天官"的明后期重臣王国光。王国光是明嘉靖进士，为官几十年，因曾执掌铨选之责，号称"天官"，故居被称为"天官王府"。王国光是张居正改革助手，其撰写的《万历会计录》是张居正"一条鞭法"改革税赋制度的理论依据。

上庄村古建群以樊溪为轴，它的南岸有尚书第、进士第、炉峰院，它的北岸有参政府、司农第、望月楼

王国光宅门上的明代题字

等。两侧老宅多为王氏家族所有，王国光宅在南岸。尚书第是王国光任户部尚书后于万历元年到万历三年（1573—1575）修建的，为棋盘四院式格局，东西两处院落，现存西院前厅达尊堂和后宅听泉居。前厅门上存明万历二年山西巡抚朱笈所书，时任阳城知县李栋所立的"尚书"题字。尚书第南侧还有厅房院、务本堂、仰山居等院落。

村北部上圪坨院有3座房屋为元代民居建筑。院门开在西北角，院内正房、东西厢房各三间。外观形制相仿，板门直棂窗与姬氏老宅相近，梁架结构和铺作有不同。

堤坝边有处泉眼，名为滚水泉，是一口山泉井。想当年溪水奔流，河道上可行扁舟，确实很有些诗情画意。上庄村过去是不缺水的。

上庄村一山之隔的东南方是郭峪村。郭峪村旁的皇城村里有康熙的老师陈廷敬故居，被称为皇城相府。皇城村是郭峪陈家分支后衍生出来的附属村。郭峪村的

上庄村以樊溪为轴，老宅在南、北两岸分布

历史可上溯唐宋，历代考取功名者达几十人，在民间有"金谷十里长，才子出郭峪"之誉。郭峪村有陈、张、王等几大家族。明崇祯十一年（1638），陈氏家族修建皇城村"斗筑居"5年之后，为抵御流寇，郭峪的大姓家族联合修建郭峪城，城墙高12米，城周1400米，城墙上开凿了三层窑洞，居住、防守兼有，共600余眼，被形象地称为"蜂窝城墙"。老院落至今还有40多个。著名的有老狮院和小狮院、陈氏十二宅、王家十三院等，很多还有村民居住。老院中老狮院是陈家迁到皇城村前的祖居地，名字出自院门外两尊高大威猛的石狮，门楣上的三层木匾记录着明清几代陈家人取得的官职。大院内有四座四合院，明三暗五、四大八小的格局，砖木结构硬山顶，二层出檐廊，正面或侧面置梯。

郭峪村内的汤帝庙俗称大庙，修建于元至正年间，明清以来历经重建修缮。大庙建在青石之上，山门外看是一层，进入庙内看是两层。分上下两院，开阔平台上中间是坐北朝南的硬山顶正殿，宽达九间，进深六椽。九开间的正殿在村级庙宇中非常罕见。山门后有一倒座歇山顶戏台。和上伏村一样，大庙也是郭峪村内旧时的公共事务中心。

高达七层的豫楼是郭峪村标志，和中道庄河山楼一样，最初也是防御工事中的瞭望哨和堡垒。建于明崇祯十三年（1640），长15米，宽7.5米，高30米，底层墙厚达2米，随楼层增高逐级递缩。第一层是暗层，内有石碾、石磨、水井、暗洞，从暗洞通过石门进入暗道，暗道有两条，都可通到村外。除了城墙、豫楼，郭峪村的地道也是防御系统的重要组成部分。楼上有火炮口，可以对外发射。第二层三孔窗，正中门额上有泽州庠生王珩题"豫楼"。三层以上，开五孔窗。七层以上四周是垛口，方便瞭望四周情势。

郭峪村南的海会寺建于隋唐，现存大多是明清遗物。寺内别院是过去阳城著名的书院。当年阳城一带文人辈出，书院是聚会之地。寺内有两座紧挨着的高塔——五代舍利塔和明代琉璃塔。

舍利塔建于五代后梁龙德二年（922），是顺慜禅师圆寂后，弟子为其所建。塔六角十层，高约20米，塔外密布佛龛，内嵌坐佛，又称"千佛塔"。塔向西北倾斜，底座尤其明显。古塔层数一般是单数层，此塔也是罕见。

明嘉靖、隆庆年间建的琉璃塔仿西湖六和塔，八角十三层，高40多米，各层有内室，塔壁中有螺旋形通道，盘旋可上到塔顶。每层飞檐角上都有铁铃。每层外立面上都有佛龛。琉璃塔的独特设计是第十层向外探出平坐，围上琉璃栏杆，好似空中楼阁。遗憾的是，双塔佛龛内造像早年被毁，看上去好像伤疤，让人痛心。

豫楼

皇城相府中道庄

皇城相府是陈廷敬一族的宅第。明清时陈家是当地大家族。陈廷敬（1638—1712）晚年号午亭，顺治年间进士，从翰林起到康熙四十二年（1703）出任文渊阁大学士。他是《佩文韵府》《康熙字典》的总阅官，长期担任康熙帝师。致仕还乡时，康熙御书"午亭山村"匾额和"春归乔木浓荫茂，秋到黄花晚节香"匾联，以示褒奖。

陈家宅第修建得很气派。现存的皇城相府是城堡大宅，有城门9座，城墙总长1700米，高达12米。内外城有16个院落，宅院名"中道庄"是陈廷敬所起。20世纪90年代居民迁出后，中道庄被冠以皇城相府之名。走进中道庄大门，抬眼看到康熙三十八年（1699）御赐，恢宏华贵的石牌坊，正中匾额是"冢宰总宪"四

字。冢宰是宰相别称，总宪是都察院左都御史别称。两侧匾额上是"一门衍泽"和
"五世承恩"，另 14 幅匾额书写陈家的功名和官职。

石牌坊旁是"冢宰第"，后来又增挂"大学士第"匾。转过麒麟砖雕影壁，一
进院正厅是悬挂康熙御笔匾额的"点翰堂"。正房和厢房有回廊相连，厢房内有陈
廷敬主编的《清实录》《康熙字典》等图书典籍。正厅后通过曲折游廊可到西花园
和小姐院。西小姐院屋顶为卷棚顶，没有屋脊和脊兽，管家院和主人居所也有明显
区别。

高大堡墙内是陈氏家族两分支居住的"树德居""世德居"。"御史府"是陈廷
敬伯父陈昌言的住宅，陈昌言是陈家第二位进士，明清都任过御史。内城地标建筑
河山楼是崇祯五年（1632）陈昌言三兄弟所建。建成后多次保护过当地居民，最多
可容千人避难。沿木梯爬进楼内，通道狭窄，但内部宽敞。河山楼三层以上才有
窗。楼顶建有垛口和堞楼。底层有地道，危急时可转移。楼内还有水井、石碾、石
磨等设施。城墙内侧有一百多间石窑洞式的"藏兵洞"，战时也可藏身。

村外山坡上的紫芸阡是陈廷敬墓地，精美石牌坊上的匾额文字是对陈廷敬的
赞誉。石柱上 8 对石狮精美传神。碑亭里是神道碑和康熙御笔挽诗碑。茂盛林木间
的陈廷敬坟冢保存完好。

墓园石牌坊

黄昏时分的皇城相府

砥洎城

砥洎城是军事防御为主，兼顾居住的城堡。三面环水便于防守，城墙一般高度 12 米，临水的局部高达 20 米。南门是唯一城门，城墙上有楼，通高 15 米，石匾上书"砥洎城"三字。门洞里是内外两道门，其间西侧有门房，外层城门前原有铁闸。中层是弹药库。顶层城楼四面开窗，内悬铁钟，日常报时，有匪患时报警。清代初期，为方便出入，居民开城北水门，乘船进出。

城墙一周近千米，南部外墙由巨大青砖砌成，其他三面多用鹅卵石。内部墙

坩埚筑墙是砥洎城的建筑特色

体多用当地冶炼业的废料坩埚砌筑，坚固程度极高，人称"坩埚城"。走进南门，在两侧内墙上仍可见整齐的坩埚，这是就地取材的创造。明代润城冶铁业发达，建造者因地制宜，将冶铁后废弃的坩埚作为主要建材，外侧包以青砖砌成城墙，坚不可摧。坩埚是古代炼铁使用的耐火容器，呈圆柱形或上大下小的台柱形，常以耐火黏土烧制而成，用坩埚炼成的生铁，杂质少、纯度高。

城内民居整体布局分十坊。现只有"世泽坊"石匾尚存。"张府""鸿胪第""简静居（张敦仁故居）"等都是堡内望族大宅。院落一般两进或三进，青石基，青砖墙，灰瓦顶。厢房两层或三层砖石结构，正房多为三层，各层均出檐廊，木隔扇门窗，增加活动空间。如有耳房增建为望楼的则多是四层，方便眺望宅邸周围情况。门窗廊柱护栏等处多有精美雕刻装饰。城内多有过街楼架在宅院之间，便于人员往来。不少院落间还有暗门通道。

城内文昌阁墙壁上的《山城一览》石碣上是当年的建筑规划平面图，在这弹丸之地，古人曾建有十多处祭祀场所——关帝庙、黑龙庙、三官庙、三圣殿、土地庙、文公祠、丰都殿、雷神殿、文昌阁、祖师阁等。

昔日砥洎城号称"一城三进士"，学术成就最高的是张敦仁，他是清代著名的数学家，其故居主体建筑为三层楼阁，其中望楼是砥洎城内最高建筑。

铁壁刘善

与砥洎城隔河遥遥相对的是刘善村，又名留善，旧时也有城墙，曾是晋城、阳城之间必经之地。

刘善以商贸要地为基础，逐渐成为晋城冶铁业中心。冶炼作坊就在河滩地上，清代最多时有几十个，产品是民用铁器，如铁壶、铁刀、铁火锅、各类农具等。冶铁业的兴盛，间接导致大批工业废料产生，即坩埚。

砥洎城墙体大量使用坩埚废料，而刘善村则把坩埚直接用于民房墙体。冬暖夏凉，还隔声，更重要的是就地取材，废物利用，成本低，刘善村内老宅的坩埚墙体高达10米以上，坩埚排列整齐。现在坩埚老宅年久失修，多已废弃。

刘善民居多采用坩埚墙体

柳氏民居

　　中古时晋南有声名显赫的三大士族：裴、柳、薛。西文兴老宅是明清柳家世居之地。此支柳氏在明清两代兴旺起来，代表人物有明嘉靖年间柳遇春，清乾隆时柳春芳、柳茂中父子。他们修建宅第和宗族祠堂以此来光宗耀祖。

　　西文兴村四周青山绿水环绕，坐落其中的柳氏民居是座城堡式的庄园，号环山居。最盛时面积近百亩，分三部分：南端是外府，有柳氏祠堂、关帝庙、文庙等；中部是村内小街；东端是文昌阁；街北是内府，有两个门可进出，北四府与南两府间有内部环形街。整体布局严谨。

　　从大门进入，缓坡上是修复的关帝庙和魁星阁。关帝庙内保存历代文人石刻。

　　中部小院左边是复建柳氏祠堂。文昌阁后是住宅区。横向小街上有两座石牌坊。第一座"丹桂传芳"牌坊是明代为表彰柳骒于嘉靖二十三年（1544）建成。第二座"青云接武"牌坊是表彰柳氏第六代柳遇春，于嘉靖二十九年（1550）修建。

柳氏民居"司马第"院内厢房

　　保存完整的6座四合院，格局大致相仿。最西侧的司马第，清代复建，门楼上斗拱繁复华贵。柱头、回廊、二层栏杆、栏板上都是精美木雕。正屋边上有石阶上二层，也可通往后院。"行邀天宠"院是柳骐宅，"中宪第"是柳春芳宅。

高平古建群

　　高平一地的文物古迹遍布各乡镇，其品质和数量在山西省内都要排在前几名。尤以早期古建、中古石窟著名。

长平古战场

　　高平就是古长平。如今这片祥和的沃土曾是历史上著名的长平之战发生地。战场在高平西部的丹河河谷和附近平缓丘陵地带。这里有很多遗迹和传说暗合着

历史的碎片。1995 年，永录乡农民在田间劳作时无意间发现大量古代尸骨和遗物。经文物部门探测发掘，这位农民发现的是长平之战时的一座"万人坑"。

西起骷髅山、马鞍壑，东到鸿家沟、邢村，宽约 10 公里，北起丹朱岭，南到米山镇，长约 30 公里，东西两山间的丹河两岸是长平之战主战场范围。历史上的大战耗时 3 年。在这片区域里，几十座村落名都和大战有些瓜葛，如康营、谷口、围城、箭头、企甲院、三甲、赵庄、徘徊等。许多传说和故事至今流传民间。

1995 年发掘的区域是目前长平之战唯一的考古现场，后来人们在原地建起了遗址博物馆。最有价值的是一号坑——宽 5 米长 11 米的尸骨坑，横七竖八的骨架堆砌在一起，层叠密布。时间过去 2200 多年，当年的残酷战场在这里定格。一号坑上层出土头盖骨 60 多个，坑里被埋尸体至少百具。在一号坑附近考古人员测定了面积更大的二号坑。馆内还展出头盔、人骨、铁箭头、钱币等发掘出的物品。

近些年在古战场范围内，陆续发现十多处尸骨坑。对长平之战这样的大战，我们所知还很少，眼前的一号坑只是冰山一角。

定林寺

高平城东大粮山是当年长平之战中赵国廉颇的粮草中心，山下有座清幽的定林寺。寺因定林泉得名，唐代以前已有。高大的三檐山门内首先看到的是精巧的雷音殿。雷音殿面阔三间，进深六椽，歇山顶，琉璃脊饰，平面正方形。当心间较宽，次间狭窄。普拍枋较薄。柱头单抄单昂五铺作，昂形耍头。当心间有隐刻。前檐柱为抹角石柱。内部梁架四椽栿接后乳栿，后槽柱头卷杀明显。大殿后门砥石上有"延祐四年（1317）四月初十日记"题记。可见雷音殿为金建元修。

殿前有口水井，水面接近井口，看上去很清澈。东西两侧配殿为三开间悬山顶，柱头双下昂五铺作，补间隐刻，梁架自然弯材，应是元代修缮过。雷音殿东侧廊下有金大定二年（1162）《重修善法罗汉二堂并功德记碑》，记录金代修缮古寺的法堂、罗汉堂和捐资塑像等事。碑阴记录在后唐、金代三次重修，下部是古寺山场范围四至图，可见定林寺寺产情况。

定林寺精巧的雷音殿

雷音殿后原是三佛殿，现在殿堂无存。这样一来，山坡上的最后一进院比山门高出十几米，显得十分高大。最后一进院正中是七佛殿。

开化寺

开化寺山门高大，左右钟鼓楼，与定林寺类似。开化寺前是一段长长的石阶，几十年前开辟，旧时前往要走山坡上的羊肠小道。

开化寺为二进院落。楼阁式的山门被称为大悲阁，院中即宋代建筑大雄宝殿。高大台基上的大殿，三开间单檐歇山顶，无补间斗拱，檐下施单抄单下昂五铺作，斗拱用材粗大，出檐较远。当心间设板门，次间为直棂窗。宋熙宁六年（1073）重建，历代多有修缮。

开化寺最有价值的是佛传故事壁画，现存面积 88.2 平方米。由题记可知壁画工程始于绍圣三年 (1096)，画工是郭发。壁画中的人物冠饰和建筑大量采用沥粉贴

金的方式，画面辉煌灿烂，是存世北宋壁画精品。有研究者认为西壁和北壁为郭发所做，绘制水平较弱的东壁可能为明代作品。西壁当中是规模盛大的说法图，佛居中说法，四周是众菩萨侍立听法，场面宏大。佛传故事以孝为基本线索，题材取自《须阇提太子本生》《善友太子本生》等。北壁西部是《鹿女本生》故事，东部是观音说法图，下面是几十位供养人像。壁画每图均有白色框，框内可以题写榜题，多未填写。壁画场景是北宋中后期社会生活的反映，可以看到农民、船夫、纺织妇女等。

大殿东部泉水洞，上是观音阁，金代建筑风格。前檐石柱上存有金代地方官游览题记。石栏杆上有两对玩耍石狮。寺外左侧山间塔林残存历代僧塔，其中五代后唐同光三年（925）大愚禅师塔尤为重要。塔立面上的《大唐舍利山禅师塔铭记》记载着大愚禅师生平，这是位颇有才华的高僧。保存在寺内观音阁西壁上的金皇统年间县令王庭直刊刻并题写跋文的《高平县舍利山大愚禅师作心王状奏六贼表并韵

开化寺大殿壁画

母三十字》碑，记述大愚禅师所作《心王状奏六贼表》。文中首提唐昭宗"诏赐土百顷，祠部牒三十八道，紫衣十道"。

铁佛寺

铁佛寺历史上曾被村里人用做库房，现存两殿。南殿三开间悬山顶，北面开板门。当心间有补间斗拱，次间无，斗拱简洁，尺度较小。正殿为悬山顶，有琉璃瓦剪边，三开间，进深六椽。当心间和次间均设补间斗拱，均为斜拱。当心间有板门，次间有直棂窗。殿前万历《重修铁佛寺记》碑载，铁佛寺金大定七年重修，明嘉靖元年再修。殿内门砧石题记："记金大定七年七月十三日铸造钦修铁佛寺嘉靖元年十一月初八日重修僧人道才徒德通法孙国施主殷子名牛瑀赵赟"。可见铁佛寺金代已有，大定七年（1167）时主尊应为铁佛。

铁佛寺内梁架相对简单，最出彩的是排列满满的一组彩塑。居中是一佛二菩萨。佛祖端坐莲花座上，背后是高大绚丽的背光。佛祖背后是倒座观音像。彩塑最精彩的是诸天神像。这组彩塑有的凶神恶煞，有的慈眉善目，衣服配饰极其丰富多彩。彩塑高近三米，在相对狭小的佛坛上拥挤而立。佛教诸天神早期一直是二十位，明嘉靖后为二十四位。铁佛寺内二十四诸天，恰为嘉靖时重修的产物。增加的四位是二十一紧那罗、

铁佛寺诸天神像彩塑

二十二紫微大帝、二十三东岳大帝、二十四雷神。前一位是天龙八部之一，后三位来自道教，是佛道融合的产物。

元代民居

民居拆改极为平常，保存下来的早期个案极其罕见。在高平陈区镇东部丘陵山区中庄村发现的元代民宅——姬氏民居，是目前已知最早的木结构民居。

普通的一进四合院中，姬氏民居坐北朝南，是正房。姬氏民居建在砂岩台基上，平面呈长方形。面阔三间，进深六椽，悬山顶。瓦脊两侧为布纹瓦。梁架加工粗糙，多用自然弯材，是典型元代手法。建筑前檐四柱露明，露明柱及柱础皆为砂石质，柱础为素覆盆式，柱平面为抹角方形，抹角处皆作外凸弧形。斗拱仅装于前檐。门砧石内侧面有"大元国至元三十一年岁次甲午 姬宅置 石匠天党郡冯"字样题记。可见此建筑在元至元三十一年（1294）时已有，距今已有730年。这座很不起眼的正房是几百年来的姬姓祖宅，近些年不再住人，2013年底得以修缮。老宅

中庄村姬氏民居

周围居民多是姬氏。

从中庄村沿路西行，不过三里是西窑头村。2012 年，有关部门在这里发现一处元代风格民居。该民居建在砂岩石台基上，平面矩形，面阔三间，单檐悬山顶，进深六椽。门窗上有雕花造型装饰。西窑头村这座老房和中庄村姬氏民居建筑风格和梁架结构十分类似，局部改动，梁架基础未变，未发现题记。

巧合的是，这座民居也是村内姬氏祖宅，两村很近，祖上或许是同宗呢。房主姬大爷 70 多岁，退休后夫妇二人常回老宅。房间显得有些狭小，次间有火炕，木门上的铁链已在门板上留下深深痕迹。

2013 年，文物工作者在野川镇南杨村又发现一处古民居，与中庄村姬氏民居、西窑头村古民居的梁架结构和门窗样式很相似。也是村中一四合院的三间北房。

西窑头村古民居和南杨村古民居虽无明确题记，但梁架特征与姬氏民居高度近似，亦应为元代民居建筑。

良户村

良户，古称两户，据说最初只有郭、田两姓，故得此名。后杂姓渐多，改为良户。也有一说是和元明以来的乐户制度有关。

从台阶上陡坡，经双进士院后有一条东西长街，这是旧村主街。临街都是二层建筑，下层开有大窗。古时，这里是高平和沁水之间的官道，村中形成了这条商贸街。

长街西部几处老宅原主为郭姓，双进士院主人也是郭姓，是最初的良户大姓。另一大姓田氏老宅在村东，著名的侍郎府更是在村东北另立门户。

西街上有高家院、复始第、郭家东西院、迓天麻院等。北行到太平街上是袁家院、宁家院，后者为东西两院。街东头的九子庙已不存在。再向东是"国朝军功院"，前后两院由东侧通道相连。院前门楼下有石狮两组，外侧一组为蹲狮，内侧一组为立狮。匾额题字外为"室接青云"、内为"国朝军功"。

村东著名的侍郎府主人是田逢吉。

田逢吉，顺治十二年（1655）进士，初选翰林编修，累官至户部右侍郎、康熙帝的经筵讲官等，任浙江巡抚时，三藩耿精忠反，他在部署军务时积劳成疾，后告归乡里卒于家。

田府外一副歌颂其功绩的对联写道："名流翰院光留良户，德惠浙江史汇长平"，横额："来骥天南"。

村东北高冈上的蟠龙寨，村民称为"寨上"，建于明末，过去被城墙环绕，城内尚存十多座院落，和沁水流域的古堡寨类似，也是为防御明末战乱而建设。清

良户国朝军功院门口的石雕蹲狮

初，田逢吉新造私宅，就是寨内最主要的建筑——侍郎府。大体建造年代应是在他担任户部右侍郎期间。

侍郎府坐北朝南，一进四院。霸气门楼上装饰斗拱繁复，麒麟砖雕照壁，雍容华贵。

经影壁向右通过巷道进入后院，向左是侍郎府前院，三间厅房，前出廊、雀替、阑额等处木雕精美。左右是二层的三开间厢房，用材高大，结构严谨，是个标准的厅房院。后院有倒座和门道，宅院最后的花园原是小姐院，闺房、绣楼等还有残墙。

良户东南部集中了各类祭祀场所，极盛时有各类寺庙十几座。

玉虚观坐北朝南，现存中殿和后殿。中殿面阔三间，进深六椽，单檐悬山顶，前檐柱是比较少见的瓜棱状。山墙残存壁画，有研究者认为是《老子八十一化图》。

　　后殿建在须弥座台基上，面阔五间，进深六椽，有隐刻拱，前檐柱为抹角石柱，单檐悬山顶，琉璃脊饰有龙凤图案。须弥座东侧青石上有刻在莲花瓣里的金大定十八年（1178）题记。殿内存元至元十六年（1279）《新修玉虚观记》碑。撰文者是状元庄靖先生李俊民。功德主是泽州长官段直，段直旧宅在泽州西大阳村内。段直是金元之际地方实力派人物，李俊民是当时著名学者，这一文一武是当时泽州名人。

　　碑文讲述全真派道士申志谨生平。他倡导兴造玉虚观，"造正殿三间，塑三清塑像"。去世后弟子继承事业，最终完成。"随易庵为观，额曰玉虚。"金代这里是

玉虚观后殿

尼姑庵，后改建为道观。

现在的后殿是三清殿。当年三清殿三开间，现在的五开间为后期增建。殿内有明嘉靖二年（1523）重建碑记。后殿可能是在明代增为五间。

二郎庙戏台

古代没有电视没有网络，如何消遣娱乐？祖先在这方面很直接——看戏、听书。

要唱戏得有专门的本子和场地。金元时文人把牢骚和对美好世界的幻想寄托到天马行空改编历史的工作里去了，著名元曲大师有关汉卿、白朴等。当时北方戏曲中心在山西，晋南各地出土的大批金元墓戏曲砖雕就是明证，更不用说广胜寺水神庙壁画上那支"大行散乐忠都秀"戏班。

场地主要是戏台。临汾魏村牛王庙戏台曾被认为是戏台海洋里存世最早的，石柱题记是最直接证据。但在晋东南，先是冶底岱庙舞楼石柱上曾发现金正隆二年（1157）题记，由于风化，现已看不到。二十年前，高平王报村二郎庙戏台台基立面上的金代题记被发现，结合木构形制，这里被确定为目前所知最早古戏台。

王报村北土丘上的古建是二郎庙。

二郎庙坐北朝南，是布局紧凑的四合院。北面的大殿、献殿，左右配殿、厢房都是明清建筑，南面是倒座戏台。

献殿面阔三间，进深四椽，单檐悬山顶。为方便祭祀活动，东西山墙，南北两面不设门窗，全敞开。献殿内有造于明万历九年（1581）的石供桌。

正殿面阔五间，进深六椽，单檐悬山顶，前出廊。廊下为晋东南常见的抹角石柱。阑额上是繁复的透雕团花"喜鹊登枝""凤凰回首"形象，做工精致。主神二郎神像已无存。有一种说法认为二郎是《封神演义》里的三只眼杨戬，治水斩蛟被尊为二郎神。另一种说法认为二郎神是先秦蜀郡守李冰之子李二郎。这二位都和治水有关。二郎庙就是祈祷风调雨顺之处。

须弥座台基上的戏台，单檐歇山顶，琉璃脊饰，平面呈正方形，面阔、进深均为一间。四角柱是粗大的圆木柱，侧脚明显。山面透空，举折平缓。大额枋木比

二郎庙戏台

　　较宽厚，无阑额。木构框架支撑着厚重屋顶，形制与金代砖雕墓出土的仿木结构
类似。

　　从木构形制来看，戏台建在金元之间，二郎庙戏台建造年代来自台基立面青
石板上的题记："时大定二十三年岁次癸卯仲秋十有三日，石匠赵显、赵志刊。"青
石板左上角还有"博士李皋"四字。大定二十三年（1183），比魏村牛王庙戏台石
柱题记年代整整早了100年。这个时间或许是戏台工程完工的日子。

二郎庙戏台金代题记

羊头山中古石窟

在晋东南，羊头山算不得高山，山势也没有险峻雄伟之姿。这里地处并洛大道附近，北魏后期佛教兴盛，这里地利方便，古人在山间巨石上开凿诸多石窟。历经千年，留存至今，统称羊头山石窟。

神农氏炎帝的传说很早就出现在这里。至迟到唐代，羊头山一带已有有关炎帝祭祀的建筑和活动。自神农庙拾阶而上，爬升约 20 分钟后，地面平缓些，路边灌木丛里有一黄砂岩质地的巨石。这是羊头山石窟 1 号窟。羊头山石窟编号从山下按登山台阶向上逐个标序。

1 号窟尖楣，开凿较浅，内雕一坐佛二弟子二菩萨像，左右力士像。佛座下莲台构造繁复。胁侍菩萨身体呈 s 形。力士像披铠甲，手持兵器，脚踏鬼魅。此窟应为盛唐时期开凿。

继续向上，一块独立岩石上开凿的是 2 号窟。2 号窟三个侧面开凿有大小佛龛 22 个。造像是标准的一佛二弟子、一佛二菩萨或一佛二弟子二菩萨像组合。佛和菩萨体态丰腴，若干菩萨像身体明显呈 s 形，此窟和 1 号窟类似，唐风明显。早年有题记可见"唐乾封元年（666）"的年款，今已风化难识。

3号窟所在岩石体量稍大，一石开两窟。立面上还有小佛龛若干。南壁窟门外两侧高大立佛像面部已经风化，能看出高髻，左手执袈裟角，全身在舟形大背光之中。窟内三壁三佛龛，北壁中间是一佛二弟子像，两侧千佛造像。东、西壁也均是一佛二弟子像，东壁主尊整体已无法辨认，只存身形。东窟窟门圆拱尖楣，三壁佛龛内均雕一坐佛二弟子像。其他壁面雕千佛和小佛龛。

4号窟在岩石南壁上开窟，门外侧各雕一力士。窟内三壁三佛龛式，三壁均雕一坐佛二菩萨像。正壁主尊面部长圆，颈长，溜肩，双领下垂式袈裟，右侧领襟搭在左肘部，胸部有束带，悬裳垂于佛座前，是北魏后期造像风格。4号窟所在岩石北壁上满雕千佛，十分壮观。

羊头山千佛造像碑

山间平地矗立一座高4米的千佛造像碑。碑四面满雕小佛，底部开小佛龛，南面碑身下部佛龛内坐佛头部不存，着袒右肩袈裟，似云冈第20窟大佛风格。侧面底部雕一佛二菩萨像，佛像发髻光滑，面相方圆，肩膀较平。千佛碑应与清化寺有关。

千佛碑旁就是羊头山石窟中最大的5号窟。此窟在巨石正南面西侧，窟门外两侧是威猛的力士像，仰首相向，脚踏瑞兽，身形矫健有力，气势逼人。窟门是长方形，门柱头上是回首凤鸟，圆拱尖楣，窟内三壁三佛龛。三壁造像组合均为一坐佛二菩萨像，主尊造像与4号窟的主尊类似。5号窟也是北魏晚期风格。

正面大佛龛进深较浅，雕释迦、多宝，二佛并坐，秀骨清像，四肢修长。头部被毁，身形尚好，着祖右肩袈裟。佛背光中均雕小佛，左右各一菩萨立像。

5号窟所在岩石上方存一石佛二石塔。无头石佛朝南而坐，造型圆润，现存的左手雕刻工整，手指较长，衣饰细腻，应是唐代作品。左右各一座五层圆形中空，南侧辟门的小石塔，塔刹不存。

6号窟所在的岩石较小，下部被土淹没，无主窟。南侧壁上正中有一坐佛，两侧为供养菩萨。东侧壁上佛龛较大，内雕一佛二菩萨像。其他壁面上小佛龛若干，并有局部千佛造像。

6号窟东侧是古清化寺遗址，复建的殿内安置着三尊高大石佛像，分别是释迦佛像和两尊倚坐像。

7号窟正壁雕一佛二弟子像。各壁满雕小佛1680尊，因而得名千佛洞。窟门外两侧是高浮雕力士像，身形雄健，腿部有力，脚踏卧狮，虽已风化看起来仍栩栩

巨石上开凿的5号窟是羊头山石窟中规模最大者

如生。洞内四壁遍布小佛龛。底层有部分较大佛龛。门外地上存素面柱础。

8号窟在羊头山鞍部。窟门方形，无装饰，窟内造像为一佛二菩萨组合，风化严重，为唐代风格。

9号窟所在的独立岩石现在是倾而未倒的状态，被石块卡住而"悬空"。外部看一面开窟，门外力士像和第4、5、6窟门外的类似，窟门形制也近似。正壁雕一佛二弟子像，其他三壁也是满雕千佛龛，与7号窟类似，供养人题名多风化难以辨认，窟顶中部雕莲花。此窟是北朝后期风格。

由9号窟向上即到山巅。灌木丛间一片乱石中有古塔两座，造像石一座。造像石高约2.5米，下部为方座粗雕卧羊头部形象，中间开龛，上有叠涩出檐，上部不存。龛内雕一坐佛二菩萨像，与千佛碑底部龛像类似。另一侧佛龛造像相同，体量稍小。2022年夏我在此造像石北立面上发现北魏太和十三年（489）题记。

两座唐代古塔圆形中空，与5号窟上石塔类似，一座5层，一座7层，塔刹均已不存。塔下西北方向和东北方向各有一条小道，一条通长子县，另一条通上党区。南路通向高平。羊头山山巅正在三地交界处。

羊头山石窟开凿于中古时期，造像和摩崖形式多样，是晋东南地区中古民间石窟艺术的重要代表。造像碑、造像石、圆形石塔等石刻文物的时代鲜明，是珍贵的实物史料，有很高的艺术

羊头山山巅造像石

价值。在羊头山附近山区，还有石堂会、高庙山、满公山、丹朱岭、鹿宿石堂沟石窟等多处小型石窟，共同组成以羊头山为中心的晋东南中古民间石窟群落。

永宁寨

永宁寨，位于高平、泽州、陵川三地交界的小山村。

高平永宁寨地处丘陵，三面深谷陡坡，只有东面相对平坦。依山就势的寨墙现存数公里，墙内古宅院按自然地势布局，高低错落，远近眺望很是养眼。

古寨防御墙体据说建于明末，由村里大户张氏牵头建设，现村内大姓仍是张姓。那个时期的晋东南，特别是晋城地方大姓纷纷建起防御设施保卫祖宅和村落，最著名的是在沁河流域。永宁寨的情况也应类似。目前村里尚存古宅四五十座，主

三地交界处的永宁寨景观

要集中在东、西两阁之间的道路两侧，这条路也是寨内主要的交通线。从东阁进入，两侧民居均为两层，是晋东南常见的建筑模式，一般下层为铺面，上层放物品，前店后厂，或后为居所。东阁外村民说曾有吊桥，早期永宁寨只有从吊桥才能进入。完备的防御体系是张氏族人定居生活的安全基础，以永宁为名，很是恰当。

在岔路口沿青石板路向北，走到尽头是一座微型关帝庙。沿青石板路向西，过一拱门，边上有一对旗杆石，后面的老宅就是旗杆院。里面还有一座二道门，阑额和雀替的透雕极其精致，有凤凰、牡丹造型。这家宅

夕阳下的永宁寨西阁

院主人也是张氏。据说祖先曾有武举功名，门口竖起旗杆表示级别和待遇。文昌阁上有"调元气"石匾，万历四年建。屋顶多处坍塌，已是危房。此处是环视古村制高点。阁西老宅照壁立在侧面墙上，墙壁拐角处采取抹角设计。

中阁的楼阁早年被改为民居。阁外寨墙水蚀严重，中阁门上石匾书"水绕山环"，表明旧时周围的山水形势。中阁外是个大下坡，坡边民居院落受地形限制，很难做到标准的院落格局。再下行几十米，南边是永宁寨最大古建——祖师庙，一进院，南部是倒座戏台兼山门，内部均为二层建筑，北面是紧邻的献厅。祖师庙南侧就是峡谷，谷中曾有水源，现已开垦为农田，还能看到细小的断续水流。

主路向西又有一阁，西阁上嵌石匾：山川盘亘。乾隆癸巳即乾隆三十八年（1773）立。出阁就是寨外。从中阁到西阁之间应是清初至乾隆年间发展出的建筑区，为方便保护和管理，再建起一座楼阁。

永宁寨地形独特，三面山水，视觉高差明显，颇有层次，这种人文美感是平原古村落不具备的。

永宁寨格局完整，多数老宅基本完好，损坏也在可控范围内。目前的首要问题是要保护好整体环境风貌。永宁寨作为晋东南山地类型古村落，具有样本价值，继续探讨其人文历史、自然环境等方面，未来大有可为。

多年考察中，我发现高平、陵川、泽州三地之间聚集几十处早期古建、古村，是名副其实的中国早期古建"金三角"，这个地区的核心就在永宁寨一带。以此为中心寻访文化遗产，近在咫尺。在这个意义上看，永宁寨并不偏远。

晋东南早期古建"海洋"

晋东南是山西早期古建"海洋"。在路上不经意间遇到的一些古建，可能就是金元木构，甚至更早时代的古建筑。在为人熟知的国保、省保古建之外，近年还有些早期古建被"发现"。它们大多一直在为当地社会贡献"余热"，百年来或是公用，或是民居。这样的情况举不胜举，南赵庄二仙庙、河西三嵕庙、嘉峰秦庄汤帝庙都是此类。

南赵庄二仙庙

高平市区东部太焦高铁高架桥沿国道108线铺设，经过南赵庄村东侧。我去时一台铺轨机正在作业，西侧不过30米的小山坡上是一座古庙——南赵庄二仙庙。

这座二仙庙为一进院，南面当中开一门，门外有照壁，也是山门兼倒座戏台的形式，左右侧是配房。三座建筑连为一体，四周是高墙。

院中一株老槐，从遒劲的样貌看，至少见证了千年岁月。

古庙核心是北部正殿，面阔五间，进深五椽，单檐歇山顶，琉璃脊饰，四周设廊，只北侧不存。前檐下柱头双抄五铺作，昂形要头，无补间，无普拍枋，有隐刻，柱头直接承托斗拱。前檐下多用圆形石柱，石鼓形高柱础，只有两侧柱为抹角

南赵庄二仙庙正殿

石柱。正殿中间三间以砖石围砌空间，南部木隔扇门窗，其他三面砖墙。北侧一架椽已毁，目前只能看到四椽栿接前剳牵。当心间东南驼峰采用简单方材，其他三个造型古朴丰满，驼峰上接一方木上托栌斗，两山墙上的四椽栿上驼峰则直托栌斗，更接近早年驼峰构造。平梁以上较简单。两山上的四椽栿用材是自然弯木，多有方孔，疑为元时替换的旧料。

东廊下有一通元代碑刻，元至元二十一年（1284）重九日立《重修真泽庙记》，保存基本完好，碑文清晰可读。由旧时高平儒学教谕韩德温撰、长平进士董怀英篆额并书丹。

碑文首先记述二仙神力的来历和恩泽，然后记述此地二仙庙的由来：

"其庙始于宋乾德五年丁卯九月辛未，米山暨乡堡等村创建，政和乙未四月重修……"

碑文详细记录二仙庙宋、金、元历代修缮情况：南赵庄二仙庙始建于北宋乾德五年（967），政和五年（1115）重修，金代末年焚毁仅存正殿。元中统二年（1261）修缮，更换正殿四周石柱。元至元二十至二十一年（1283—1284）再次大修。

此碑文将始建以来的历次修缮事宜记录详尽。结合正殿架构，此殿始建于北宋乾德五年（967），檐下铺作、早期驼峰形制等为宋构特征。廊下石柱和梁架弯材是元代修缮所为。

元代以后此庙修缮并未对形制有根本改变。由此，南赵庄二仙庙正殿应为宋元合体建筑。

河西三峻庙

河西村西侧小山坡上的三峻庙是晋东南地区的地方崇拜神灵庙宇，以主司雨、司雹的三峻神为主尊。一说三峻神为射日的后羿。河西村的三峻庙被发现较晚，但属早期古建，颇有文物价值。

山门和左右二层耳房三座建筑连成一体。南墙上已出现多条巨大的裂隙，西侧配房墙上有巨大孔洞。

院内两侧厢房，北部献殿，面阔五间，卷棚硬山顶，南北通透，抹角石柱，是清代建筑。

最有价值的正殿严重向东侧倾斜，应是地基出现问题，亟待勘察排险。

正殿面阔三间，进深六椽，单檐悬山顶。殿前设一架廊，内部梁架四椽栿前接乳栿通檐用三柱。梁架用材多为自然弯材，前槽柱柱头卷杀明显。后檐下

河西三峻庙正殿殿门

无补间，做隐刻。神坛上为新塑像。两山底部薄砖收分矮墙。

前檐下柱头双下昂五铺作，有隐刻，要头蚂蚱头形，当心间较为开阔，次间较窄。檐下大额枋木承接屋顶，当心间板门，次间直棂窗。前檐柱为抹角青石柱，东侧石柱南立面上存北宋政和元年（1111）当地各村民众集资修缮三嵕庙所留题记。修缮范围几乎遍及全庙。在戏台出现之前的乐舞酬神活动应在这里进行。现存四根前檐下石柱尺度基本一致，应为这次修缮时的原物。

板门东侧墙内嵌北宋石碣，是天圣十年（1032）《参嵕庙门铭记》，比石柱题记早 79 年。阴面是附近各村参与修缮工程者题名。据此知北宋初期，河西三嵕庙即已颇有规模。

河西三嵕庙正殿具有鲜明金元古建特征，宋石柱题记、碑碣实物特别珍贵，在古建、碑刻、戏曲研究方面均有研究价值。

嘉峰秦庄汤帝庙

在沁河河谷周围山区还有一些早期古建幸存下来，确是幸事。

沁水县嘉峰镇秦庄村在沁河西部谷中。秦庄汤帝庙在村外高坡上，现为一座坐北朝南四合院。南面是山门兼倒座戏台，左右钟鼓楼，从东南角掖门也可进入院内。倒座戏台面阔三间，瓦面已改，左右对峙的是钟鼓楼。东侧钟楼三层，西侧鼓楼二层，可能后期改建。西侧鼓楼北侧是二层厢房三间，东侧钟楼北侧厢房已坍塌。北面正殿居中，左右侧后方各有三开间垛殿。

庙内最重要的是正殿，面阔三间，进深四椽，单檐悬山顶，瓦面已改，前檐下装修改为砖墙，铺作层不在。地基局部下陷，地上立面须弥座造型，风化严重，仍可看出瑞兽和立面石板。墙体内部包含覆莲柱础，是早期构件后代修缮时被砌入。

正殿旧时曾为学校使用，室内梁架结构大体可见。

内部梁架三椽栿前压劄牵，通檐用三柱。前槽抹角石柱，上可见施柱人题名。柱上巨大瓜楞斗，平梁、三椽栿用材较随意。叉手交丁华抹颏拱，梁架之间有襻间。无驼峰。山墙下部可见 6 层薄砖矮墙。此殿梁架后代修改较大，但仍带有明显

秦庄汤帝庙正殿

的金元风格。

正殿东壁外立面上嵌元顺帝至正元年（1341）石碣。铭文为民间修庙记录，内容是修庙捐资人名单及其捐助款项。捐款单位钞两，可见使用的是元代纸币。

铭文为正殿时代判断提供了确证。须弥座造型在晋东南金代建筑中多见，同时根据梁架部分构件，可以看出正殿为金代基础经元代修缮，明清以后也多次修缮。东垛殿廊下壁上有清嘉庆十八年（1813）《重修大殿耳台西廊碑记》，修缮参与名单中大多是商号名称，其中有的商号即名为某某当铺、盐店。

20世纪汤帝庙被用做学校，再遭大规模改建。如今院落荒废，地基严重下陷，已是危房。东厢房已坍塌，其他建筑也亟需抢救修缮。

秦庄汤帝庙正殿为金元建筑遗存，有元修缮碑碣提供时代证据，清代修缮碑为研究沁水清代商业发展情况提供了史料。

据山西古建专家李会智先生考证，目前幸存的中国元代以前木结构建筑约600座，山西即有518座。秦庄汤帝庙的"发现"，再次证明山西文物宝库的独特价值。2021年我呼吁建立山西古建抢救账单和石刻文物库，2022年山西省就低等级古建和石刻文物开展县级调查。2023年山西省已启动低等级早期古建修缮项目。2024年初夏，传来秦庄汤帝庙正殿修缮施工的消息。

高山峡谷间　原生态访古之乐

上党梆子之夜

晋东南比汾河盆地、华北平原高出一大截，古人喻为"与天为党"，区域中心是长治市。长治的夏天没有一点闷热的感觉。

市区古建筑所剩无几，幸存的上党门是上党郡署正门，初建于隋开皇年间，现存大门和钟鼓楼是明代建筑。大门两侧并立的钟鼓楼，以"风驰""云动"为名。走上宽大的石阶，两侧楼台遥相呼应。

长治市博物馆核心展厅的内容是《上党从来天下脊——长治古代文明》，分5个单元，展出历代文物精品300多件。馆藏珍品有分水岭墓群出土编钟和大批青铜器，其中有些形制很独特；唐代抱鸭女俑是镇馆之宝；胡人骑驼陶俑是逼真的西域胡人形象；明藩王沈简王家族墓地出土的黄绿釉色夫妇坐像等。20世纪中期，在市区分水岭一带发现古墓葬400多座，多是春秋战国贵族墓葬。发掘出一座完整的车马坑，现在馆内展出。

长治闹市中心是城隍庙。潞安府城隍庙建于元至元二十二年（1285），明弘治、清道光均有重修，建筑群格局完整，集元、明、清三代建筑于一身：中大殿是元代建筑，寝宫、戏台、玄鉴楼是明代

长治分水岭出土的车马坑

建筑。

城隍庙门前广场两侧是喧闹的商业步行街,每逢重要节庆,这里都是活动现场。我赶上七月庙会,广场上搭起临时舞台,一家连锁超市请上党梆子剧团演出一周。近前,《打金枝》谢幕散场,足有几百人观看。后台演员们抓紧时间卸妆、收拾道具。

晚上8点下起阵雨,后台很忙碌,演员们都是自己上妆。他们化完妆,我已经找不出交谈过的两个演员。小雨还在下,台前坐满两排老人,他们打着伞、披着雨衣,执着坐等,我知道演出不会取消了。八点半演出开始。今晚剧目《狸猫换太子2》,饰演包公和反派太监总管郭槐的演员演技不错。包公冒充阎王夜审郭槐的片段在很多明清公案小说中都有。结局是标准大团圆模式,刘太后一伙被揭露,年轻的皇帝在包公的帮助下伸张了正义,母子相认。

城隍庙大殿和献殿

子夜，我回到住处，还在回味梆子剧团原汁原味的演出，和老人们一起度过的梆子之夜让人难忘。

观音堂悬塑

长治市西郊梁家庄，村西的观音堂已隐匿在林立的高层住宅楼之中。

观音堂建于明万历九至十一年（1581—1583），坐东向西，现存两进院。山门和倒座戏台合二为一，山门左右是钟、鼓楼。倒座戏台是搬迁而来的，佛寺里最初无戏台。主殿观音殿面阔三间，进深四椽，单檐悬山顶。殿门上的"观音堂"鎏金木匾是万历十一年兵部侍郎部钦题。殿内是明代后期彩塑的海洋，小小殿堂内竟有各类塑像500多尊，三面墙壁及屋顶梁架之上、门窗顶部，到处是彩塑和悬塑，让人眼花缭乱，惊叹不已。

莲花座上观音像身体前倾，在坐骑之上，左臂伸直，右脚踏祥云，右手搭在膝盖上，好似普通人家女性，颠覆了常见的观音形象，让我想起双林寺里的自在观音。两侧是坐骑之上的文殊、普贤菩萨塑像，这三菩萨组合也称为三

观音堂观音像

观音堂山墙下分 4 层悬塑

大士。三位菩萨后的正壁是取自《华严经入法界品》中关于善财童子四处拜师求教，历访五十三位"善知识"的五十三参故事。南北两侧山墙上密布彩塑，第一层是十八罗汉像，弥勒佛在罗汉席一角自得其乐。罗汉像上面的第二层是佛教护法二十四诸天，第三层是十二圆觉菩萨。南壁第四层是道家众神，玉皇大帝、西王母、八仙等。北壁第四层是孔子七十二弟子。门楣左右窗户上有《唐王迎经》《西大乘教》《雷音寺》《火烧白鹅寺》等故事群像。观音像上方的梁架上是三尊彩塑：释迦牟尼佛居中，左右是老子和孔子，三位圣人合塑一处，是三教共融的文化现象。明清以后晋东南各地多有三教堂一类的祭拜场所。

梁架、柱上密布三教中的各类神仙形象。平梁和四椽栿之间也有恢宏的殿宇和塑像。在狭小的空间里，明代匠人充分利用每处空间，给所有神像安排好位置，简直是一座明塑标本仓库。

观音堂满满一殿彩塑悬塑保存完好，是明代彩塑艺术杰作。在较小的空间内，塑造如此众多的悬塑，在山西，也只有隰县小西天可以比肩。

法兴崇庆　唐宋遗珍

历史上的法兴寺建在翠云山东北方慈林山间小盆地上。地处当地煤矿开采区，为保证古建安全，文物部门将古寺整体迁移到崔庄村北现址，历经 12 年，到 1996 年才全部完成。法兴寺的迁址保护与永乐宫整体搬迁类似。

沿石阶进入寺内，迎面是号称法兴三绝之一的唐代舍利塔，重檐砖石建筑。塔上有仰莲、宝珠和塔刹。底座上似殿非殿的一层建筑内有中心柱，前后开门。舍利塔是座独特的异形塔，前方左右各有一座古朴的三层六角小唐塔，拱卫着方形舍利塔。

舍利塔后的燃灯塔是法兴寺第二绝。这座精巧小塔始建于唐大历八年（773）。燃灯塔即长明灯台，佛教寺院里的供奉器具。束腰隔柱有石刻题记"唐大历八年清

舍利塔

307

信士董希璇于此寺敬造长明灯台一所。"

燃灯塔后高台之上是法兴寺第三绝——圆觉殿。圆觉殿创建于后晋开运二年（945），北宋元丰四年(1081)重建。石基上大殿面阔三间，单檐歇山顶，举折平缓，出檐深远，石质檐柱，柱面阴刻缠枝纹。柱头上有普拍枋，斗拱仅施柱头铺作，梁架结构为宋代风格。

殿内现存彩塑19尊，居中是一佛二弟子二菩萨二力士组成的唐宋佛坛佛像群。两侧沿墙是十二尊圆觉菩萨像，造型俊美，工艺精湛，是宋代彩塑佳品。圆觉殿之名来自供奉的这12尊姿态优美的圆觉菩萨，分别端坐莲台上，衣饰、身姿各有千秋。佛像背后有观音、善财和龙女像。释迦牟尼佛、文殊菩萨、普贤菩萨在高大莲台上端坐，神态安详，释迦牟尼佛金身，头戴宝冠。

法兴寺内还保存有唐宋以来历代多通修缮碑刻，为寺史沿革考证提供直接证据。

崇庆寺建在紫云山中，寺内的中轴线上是天王殿和千佛殿。东侧是卧佛殿，

圆觉殿内宋塑圆觉菩萨像

西侧是大士殿。千佛殿矗立在宽阔石基上，石基须弥座束腰上雕有花卉图案，间柱雕刻高浮雕瑞兽，这是一种金代多见的台基石雕装饰。

千佛殿面阔三间歇山顶，是宋代小型寺庙建筑杰作。屋顶举折平缓，出檐深远，简洁大气。梁架斗拱为宋代原构。佛坛须弥座上塑一佛二菩萨，背后为倒座观音。东、西、北三壁上原密布小佛，千佛殿名正是由此而来。

西配殿也称大士殿，殿内梁架多是宋代原物。佛坛上塑观音、文殊和普贤三菩萨，佛教合称三大士。三菩萨气定神闲，衣饰雍容华贵，衣裙褶皱纹理清晰，栩栩如生。三菩萨两边是崇庆寺内艺术价值最高的十八罗汉坐像。罗汉像体量如真人大小，姿态各异，各有千秋。台下束腰处有北宋元丰二年（1079）的题记。

西北角上的是十帝殿，内供地藏菩萨和十殿阎君以及六曹判官，是保存完好的明代彩塑殿堂。

崇庆寺南侧 200 米的护国灵贶王庙，按当地方位称为前寺，崇庆寺是后寺。

崇庆寺大士殿内十八罗汉彩塑（局部）

护国灵贶王庙祭祀羿神,即三峻庙。紫云山上的这座护国灵贶王庙始建于北宋宣和四年(1122),现中轴线上由南至北依次为山门、月台、正殿、寝宫。正殿前月台低矮,形式古朴。正殿面阔三间悬山顶,前出廊。

庙前坡地上丛生着几十棵遒劲的白袍古松,这些古松和紫云山古寺庙相伴很久了。

荫城铁府　玉皇观

上党区荫城镇的铁器生产和商贸活动由来已久。明清以来荫城铁货贸易十分红火,曾是华北地区最大的铁制品贸易集散地。留下了"万里荫城,日进斗金"的说法。荫城周围各县生产铁货集中于此,统一以"荫城铁货"称呼销售。

如今的荫城是个生活节奏舒缓的小镇。新街区在北,南面山坡下是老街区。荫城铁府的核心街区是东西长街,和南北向大云路交叉,形成十字路口。当年各地

荫城古镇

来荫城做铁货生意的大多集中在东边街上，被称为馆街。这些商家集中在主街两侧，临街开窗方便交易，大门处也少有门槛，方便货物进出。一般院内前半部分临街房屋是工作区，后院是生活区。走在街上，"刘氏祠堂""永记铁庄"等匾额依稀可见。

荫城西南方向的南宋村有座华丽五层高楼，这就是玉皇观五凤楼。秀丽挺拔的五凤楼是在山门位置上的五重檐歇山顶楼阁，高20米左右，面阔三间，平面近方形，飞檐出挑向四角。二、四层是虚层，三层四檐支出平坐，和楼内二层楼板齐平，是实层。楼内是荆木梁，有桑木梯，都是比较少见的。四根通天木柱直达屋顶，顶部是精致的八卦藻井。五凤楼始建年代不详，近年发现元至正七年（1347）修缮题记。楼顶琉璃脊兽完好，制作精细、色彩艳丽，是明万历四十二年（1614）匠师韩进才、韩建才、裴永安作品。五凤楼始建年代较早，建筑艺术独特，足以跻身三晋名楼之列。

山门两侧是歇山顶的钟鼓楼，进入山门后有一单檐歇山顶的献亭。青石基上的献亭面阔进深均是一间。亭外有石栏杆和栏板。四根方形石柱坚实有力，柱面雕龙、凤、卷草、花卉、一佛二弟子等图案，线条流畅，刀法雄劲。四根大额枋连贯呈井字形，敦厚稳固。檐下四周设斗拱三层，四角翘起，飞檐凌空。方亭内四面通透，顶部居中八角藻井，斗拱层叠。

玉皇观主体建筑为灵霄宝殿，殿前有宽敞的月台。大殿面阔五间，进深六椽，单檐悬山顶。檐下和殿内均为方形石柱。部分梁架体现出金代风格。大殿最突出的特点是其前檐铺作繁复无比的层叠斗拱达五下昂，让人目眩。屋顶琉璃脊兽，黄绿琉璃相间。殿正脊东侧吻兽的侧面有明万历题记。

玉皇观灵霄宝殿前檐下铺作

五凤楼

太行深处　二仙圣女

晋东南地方神明崇拜系统中的二仙、三峻、府君、汤帝崇拜基本为当地独有，各有祖庭、故事架构、信仰体系，绵延千年，长久不衰。这一独特的区域文化现象，已被学界关注。近年来随着一批神庙场所中的古建成为国保文物单位，这些地方又成为人们访古的佳地。晋东南地方神中，二仙无疑更为独特，是少女神、姐妹神，这在全国神灵崇拜中也很罕见，为二仙文化增添了柔情和神秘色彩。

现在学界一般认为二仙崇拜源于唐末，出自今壶关、陵川太行山深处。金元时，二仙庙在晋东南地区各地广泛建立起来。目前公认二仙祖庭是壶关东南部深山中的神郊村真泽宫，是北宋朝廷赐名之地。这一宝地留存至今，是历史的幸运。

神郊村内的山坡上坐北朝南古建群即真泽宫。宫前有四门三楼石牌坊，三楼均为有琉璃脊饰的歇山顶，是明清时期的风格。真泽宫山门兼倒座戏台，门两侧又各有一座倒座戏台，形成三台相连。再外侧是两座三层方形楼阁，称为望河楼，建

壶关真泽宫当央殿

在钟鼓楼的位置。

　　第一进院内空间开阔，居中是当央殿，即前殿。左右为九开间二层厢房。献厅已不存。殿前台基上有一对立姿唐狮，原在山门牌坊处。有一对残存的元压角石兽。现存宋元以来多通重修碑，其中最重要的是宋崇宁四年（1105）敕牒碑，即北宋朝廷颁发的官方文书。

　　当央殿是真泽宫建筑群核心，面阔五间，进深八椽，单檐歇山顶，六椽栿前接乳栿用四柱，前两椽下为前廊。柱头双抄五铺作，补间出斜拱，耍头为龙头形。阑额、雀替极尽透雕精华，内容多为戏曲主题，与对面戏台呼应。内部梁架多为圆木。大殿宋代已有，现为元建明修。东厢房是阳宫，旧时有天宫九仙女像，西厢房为阴宫，供奉十殿阎君。

　　当央殿侧后方二进院东西是三层插花楼，第一、二层为砖石结构，第三层为歇山顶木结构。寝宫面阔五间，进深六椽，单檐悬山顶，前有廊，左右侧为二层插

当央殿内梁架

花楼。厢房也均有九间，称为婴儿宫和奶水宫。

第三进院是清乾隆年间所建，有圣公母殿，面阔五间，进深六椽，前有廊。阑额、雀替等处木雕繁复。大殿左右垛殿也是插花楼，称梳妆楼。

真泽宫是二仙崇拜祖庙，历代香火旺盛，多次修缮。这一深山中规模庞大，格局完整的古建群历经沧桑，十分难得。

最初的真泽宫在神郊河沟谷南面土坡上，旧址不存。人们在南坡发现《重建二圣之碑》，宋开宝八年（975）立，可见此地为北宋原庙址位置。明万历年间，因水患，古庙搬迁到神郊河北岸现址。不远处森掌村的二仙父母坟冢有唐乾宁元年（894）乡贡进士张瑜撰《大唐广平郡乐公之二女灵圣通仙合葬先代父母有五瑞记》石碣，是目前已知最早记载二仙传说的石刻。

西溪之名十分雅致，该二仙庙位于陵川县西边的山谷中。西溪二仙庙山门兼倒座戏台，左右披门，格局与神郊真泽宫几乎一样。山门内墙嵌金代祈雨应验石碣一通、蒙古时期重修碑一通。

献厅为卷棚顶三开间，廊柱为抹角石柱，阑额雀替木雕华丽，无门窗，明清时期风格。

幽谷中的西溪二仙庙

前殿面阔三间，进深六椽，单檐歇山顶，琉璃脊饰。四椽栿对前乳栿通檐用三柱，前有廊，前槽柱头双抄五铺作，前后檐则为双昂五铺作。殿内正中神龛五间，供奉二仙，左右侧面各一间，有女官立像。正面神龛分内外两层。平面凸字形，与泽州小南村二仙庙类似，只是未设天宫楼阁。

前殿斜后方左右各一座两层三檐歇山顶楼阁式建筑，面阔三间，平面方形。一层有围廊，二层出平坐可扶栏观景。梁架简洁古朴，东梳妆楼为金代建筑。西楼梳妆则在后期修缮中多有改变。这对楼阁是西溪二仙庙最精彩的古建。

前殿后墙外壁上嵌历代石碣，刻有延祐四年（1317）五月元好问诗。

元好问少年时随任陵川县令的父亲元格定居陵川，就学于儒家郝天挺。在陵川数年间，元好问与陵川儒生群体交往熟识，可能是在一起郊游时，留下了这首诗："期岁之间一再来，青山无恙画屏开。出门依旧黄尘道，啼杀金衣唤不回。"这时元好问十几岁，在去并州赶考，写下"问世间情为何物"之前。据说元好问归隐

西溪二仙庙前殿内神龛

忻州老家，曾偶见一幅西溪绘画，触景生情，又作诗一首："松林萧萧映灵宇，炼石流金不知暑。太平散人江表来，自诩清凉造仙府。不到西溪四十年，溪光机影想依然。当时膝上王文度，五字诗成众口传。忽见画图疑是梦，而今尘土浣华颠。"可见其对西溪美好自然和少年时光的留恋。

后殿面阔三间，进深六椽，单檐歇山顶，有前廊，前檐柱头双下昂五铺作，前槽下补间隐刻，有金代风格。

西溪二仙庙环境清幽，古建上溯金元，碑刻二十多通，于二仙文化、金元社会、民族关系均有研究价值。

小会岭二仙庙在陵川西南方向小会村外的山冈上。此庙现存一进院，南侧是面阔三间的山门兼倒座戏台，左右各有一座梳妆楼。院中正殿前是三开间卷棚顶献厅，与西溪二仙庙类似。献厅内有一醮盆，石座四面有题记，局部漫漶，可见嘉祐八年（1063）年款。

小会岭二仙庙正殿梁架

　　小会岭二仙庙的正殿，面阔三间，进深六椽，单檐歇山顶。六椽栿通檐用二柱。柱头单抄单下昂五铺作，当心间补间出斜拱。外观和小南村二仙庙类似。

　　结合现存醮盆题记，正殿修建不晚于嘉祐八年（1063），早于小南村二仙庙正殿（小南村二仙庙内《新修二仙庙记》记载政和七年（1117）竣工）。殿内梁架叉手弯材，彩绘大部还在。山门上匾书"宋表双冲"四字。

浊漳河谷黄金路

　　浊漳河在太行山中蜿蜒曲折，几十公里幽深的河谷里散落着上百座唐代以来的古建，还有豆口、奥治等众多老村民居，先辈在山西大地上留下的文明精华让我们叹服，这是一条寻访古建民居的黄金路。

原起寺

潞城、平顺交界处的小丘上有一座如地标般的古寺，就是原起寺。寺院初建于唐代，现存香亭、正殿、砖塔、经幢。

香亭为正方形，一开间，歇山顶，明代建筑，其四根石柱上刻有诗文，通读下来是一首美妙的七言绝句："雾迷塔影烟迷寺，暮听钟声夜听潮。飞阁流丹临极地，层峦耸翠出重霄。"可能是云游到此的古人面对山川形胜时的即兴之作。亭前有一通唐天宝年间经幢。

大雄宝殿面阔三间，进深四椽，平面正方形，单檐歇山顶，琉璃瓦剪边。柱头铺作单抄单下昂，无补间斗拱，有隐刻，柱头直接承托栌斗，无普拍枋，柱头卷杀。内部梁架三椽栿对后剳牵用三柱，梁架简单，用材较大。是一座宋代小型厅堂建筑。

大雄宝殿西侧是宋元祐二年（1087）修建的青龙宝塔，塔身密檐八角七层，高17米，收分和缓，挺拔秀丽。

香亭里存二通北朝造像碑，其中一造像碑的正面上部是佛造像，下部是1957年《重修原起寺碑志》，记录当时地方政府出资维修寺院的事，很多文字采用了不规范的简化字，如"业"字被写成"叶"。此文是磨去之前题记后再刻的。

大云院

平顺县实会村龙耳山南的大云院初建于五代后晋天福三年（938），初名仙岩院。主殿弥陀殿建于后晋天福五年（940），北宋时改名大云院。

庙外有一座精美的七宝塔，建于后周显德元年（954）。青石雕刻的七宝塔为平面八角，须弥座部分束腰有两层，第一层束腰位置雕飞马、狮子、麒麟等吉祥瑞兽，第二层束腰位置雕形态优美的伎乐，可见十几种乐器。塔身第一层南面开门，门顶二龙戏珠，门侧是威武的天王力士。背面板门是金元时多见的"妇人半掩门"造型。塔刹部分莲瓣宝珠。此塔早几年曾被盗倒塌，后修复。

大云院主殿弥陀殿，面阔三间，进深六椽，单檐歇山顶，平面方形，斗拱双抄五铺作，出檐深远，大气稳重。檐柱上有普拍枋，是现存古建中使用普拍枋的最早实例，唐风浓郁。殿内残存五代壁画约有21平方米，目前是中国现存寺观中唯

原起寺内宋代砖塔是
河谷中的地标

七宝塔

一的五代壁画遗作。东壁绘《维摩经变》：维摩诘在激扬诉说，文殊菩萨相对而坐，若有所思。背景人物众多，表情各异。扇面墙上方绘有飘飘如仙的飞天，好似飘浮在半空中。扇面墙上绘观音和大势至菩萨像，墙背绘《西方净土变》。

大云院壁画菩萨像

龙门寺

龙门寺在浊漳河谷北侧龙门山的山间平地上。

据寺前明碑记载，来自五台山的僧人法聪最初建寺，得到北齐皇帝高洋的支持。以后历代多有增建，元代极盛时周围附属寺院、山地都归龙门寺管辖。

龙门寺坐北向南，集中了五代、北宋、金、元、明、清六个历史时期的建筑，在全国独一无二，是名副其实的中国古代木构建筑博物馆。

山门和天王殿合一，面阔三间，单檐悬山顶，梁架结构是金代建筑风格。前院西配殿是龙门寺现存最古老的建筑，始建于五代后唐同光三年（925），三开间悬山顶，是现存唯一五代悬山顶木结构建筑。院内现存五代后汉乾祐三年（950）经幢，记载龙门寺情况和西配殿建造时间。

前院中间的大雄宝殿建在一米多高的台基上，面阔三间，进深八椽，歇山顶，前檐下单抄单昂五铺作，昂为批竹式。大雄宝殿前檐下石柱有北宋绍圣五年（1098）施柱题记，是大殿修建年代的佐证。后檐东北角石柱顶端有金大定九年（1169）县令李晏游览龙门寺题记，与阳高村淳化寺李晏题诗碑印证，都是他同年春天所作。大殿四壁、台基上存历代碑刻。

龙门寺大雄宝殿

燃灯佛殿外壁

后殿燃灯佛殿，面阔三间，单檐悬山顶。梁架和构件取材自然，稍微加工即使用，墙体上可见弯曲木料，元代木结构特征明显。前院东配殿重建于明弘治年间。

千年古建凝结着历代才智在这里积淀下来，成为文明的证据。如有机会，我愿在这小住几日，再细品古寺韵味。

佛头寺

车当村内的佛头寺，得名于附近的山峰佛爷垴。据说过去佛头寺是两进院，现只存一座大殿。大殿是座面阔三间、进深四椽的歇山顶建筑，柱头斗拱双下昂五铺作，琉璃脊饰。大殿四角檐柱侧脚、生起显著，当心间补间出斜拱。前后当心间有板门，左右次间有直棂窗，梁架用材较为规整，应是一座金代风格为主的早期建筑。

近期的修缮中，人们在揭去东西山墙上半部分的白灰后发现了精美的明代二十四诸天壁画。壁画大部可以分辨，只是色彩淡了许多。

佛头寺大殿

天台庵

太阳被周围的高耸青山遮住，河谷里暑气渐消，微风里可以感到些湿润的水汽。原起寺向北，逆流而上就能到达河东岸的王曲村。王曲是个山间大村，天台庵就在村中。

天台庵中仅存一正殿，面阔三间，进深四椽，平面近正方形，结构简洁，内部无立柱，空间宽绰。柱之间以阑额相连，没有普拍枋，后代修缮未改。殿内塑像早已不存。正殿飞檐展翅欲飞的翘角，屋脊上鸱吻高挑的尾部，平稳外延的屋顶，比例和谐，姿态舒展。根据梁架结构，天台庵早年被认为是唐代建筑，近年修缮时在飞椽和脊槫下发现五代天成四年（929）和长兴四年（933）墨书题记。目前天台庵建筑年代被定为五代时期。唐代与五期时期接近，建筑风格在短期内少有改变。

院里有一通高约2米的古碑，古碑双龙螭首，正面佛龛内雕一坐佛二菩萨像。碑首背面和碑侧上部佛龛内也各雕一坐佛，造像为北齐—隋风格。碑身上有横纵界

天台庵正殿

天台庵古碑碑首

格，石质风化，碑文难辨。驮碑神龟抬头朝向正殿。因碑文漫漶，此碑确切时代尚待考。

李庄文武双全

文庙即孔庙，武庙即关帝庙。浊漳河谷山村李庄文庙和武庙并存，均为具有历史传承的古建，金元遗风，这在遍地是文物的山西也是罕见的。

李庄武庙，即关帝庙，现为完整的二进院，院南部是倒座戏台，院中的台基上是看亭。看亭呈正方形，十字歇山顶，四根立柱侧脚明显，柱础朴素。普拍枋用材方正，补间出斜拱，双下昂。梁架可见雷公柱和莲花状垂柱头。看亭外形阳刚，飞檐上挑，整体感觉十分得体。应是元代建筑明代修缮。

看亭北是献殿，卷棚顶三开间，阑额雕刻精致，方形石柱础，补间出斜拱。铺作层普遍采用装饰性雕刻。被献殿完全遮蔽住的正殿，历史更为悠久。

正殿面阔三间，进深六椽。前出两架廊，梁架四椽栿前乳栿通檐用三柱。大梁木材自然弯曲，极具元代建筑特征。前檐下阑额木雕二龙戏珠，精致传神。正

李庄武庙看亭

殿与看亭一样，应是元代木构基础上改建，梁架更原始些。廊下清光绪二十八年（1902）《重修关帝正殿碑记》记载梁上有元至大二年（1309）题记。结合梁架特征，武庙正殿为元代建筑。殿内无塑像和壁画。

　　李庄文庙在李庄村边高坡上，中轴线上存大成门和大成殿。大成门台基下有几通石碑，其中有元代重修碑。大成门三开间，为明清时期建筑。院里北面的大成殿为三开间，进深六椽，单檐歇山顶，门窗已改。前些年修缮时，在琉璃脊刹上发现元至治元年（1321）、元至元元年（1335）题记，是元中后期多次修缮的

李庄武庙正殿前檐下铺作和阑额木雕

珍贵记录。殿内梁架六椽栿通檐用二柱。当心间前檐柱卷杀，角柱侧脚明显。柱头斗拱出斜拱，单抄单下昂，补间有隐刻，普拍枋用材方正，梁架简洁而规整。

前檐下墙内嵌二石碣。东侧的金代石碣记载金兴定五年（1221）修缮事宜，由王备发起，地方官员支持。西侧石碣是蒙元中统四年（1263）立，记录当时修缮经过。结合梁架、石碣、琉璃题记等，判断大成殿为金建元修，大体保留金代木构风格至今。

李庄相对偏远，古人在这里建起文庙、武庙，说明当年山村社会的文化和经济都已达到相当水平。

李庄文庙大成殿

惊喜仙堂山

　　襄垣因春秋时赵襄子在此筑城得名，历史悠久，此名沿用至今几千年，老县城中还留存多处古建。

　　襄垣东北部的仙堂山核心景观是仙堂寺。仙堂寺原有建筑除清代建筑关圣殿和乐楼外，其他多是20世纪90年代复建。其中原三开间主殿移为后殿三佛殿，原位建起三开间歇山顶五泉殿，四面有廊。院内有多个水井，五泉殿内就有一口，井水现在依然丰沛。

　　仙堂寺在山谷中。东南黑龙洞侧石壁上有明代廉吏刘龙的题字《仙堂旧隐》。刘龙是襄垣人。仙堂寺西北有娲皇宫，西侧有观音洞，都是将山崖上的小型溶洞内部清理后作为殿堂的。

　　从西峰下来，穿过新财神庙，我看到石塔残件，一节六角石柱题记年款为至道三年（997），是北宋初年遗物。

俯瞰仙堂寺

灵空山之夏

太岳山深处的灵空山海拔在 1600~1850 米之间，最高海拔 1953 米。灵空山的精华并不在山顶，而是在三条沟壑交汇形成的一处奇险深谷里。

沿小径走进山崖中部狭小平地的圣寿寺。民间传说唐懿宗四子李侃为避黄巢之乱入此修行，圆寂于此。后人称他先师菩萨，建圣寿寺供奉祭拜。

圣寿寺东西向布局，正殿居中，左右钟鼓楼为砖石结构。拱券门左右石刻对联。厢房南墙上是"有感""有应"字样砖雕。

正殿，五开间，硬山顶，前檐下有廊。殿内居中是先师菩萨像，左右是清末开始供奉的四海龙王。西厢房墙壁上有清《先师实迹叙》石碣。

寺后是笔直的山崖，山上为原始松林，崖壁上有一楼阁建筑，是净身窑，据

圣寿寺外的仙桥

说景福二年（893）李侃在此地圆寂。洞内平台上是新作先师菩萨像，像后石壁上是几乎并列的五个佛龛，内均雕一佛二弟子像，存宋大中祥符三年（1010）题记。可见此洞在北宋初期已经存在。

山泉渗出，汇集到寺前谷中。古人在寺外建起两座廊桥以便交通。其中靠西的峦桥面阔三间，进深一间，歇山顶，清道光年间重修。木构雕刻繁复精美。红色桥体在满山绿色中十分夺目。

峦桥南侧山崖上有圣水泉，东侧是仙桥。仙桥是单孔石拱桥，面阔三间，进深一间，重檐歇山顶。这两座桥在明代中期可能已存在。

灵空山在太岳山原始森林腹地，动植物资源丰富，兔子、獾、野猪、山鸡、松鼠都很常见。

南涅水民间石刻宝库

20 世纪 50 年代，人们在南涅水村边的一个大坑里发现了上千件以北朝、隋唐时期为主的佛教石刻。这一批文物就是被誉为民间石刻艺术宝库的南涅水石刻。

这个出土坑北边即涅水，这一带是古代重要的地域文明所在地。涅水流域的佛教文化遗存在涅水以北有故城大云寺、北良福源院、东良洪济院等，涅水以南有南涅水洪教院、烂柯山摩崖造像等。

南涅水石刻馆有南、北、中三院。北院是碑林，展出历代碑刻。中院殿内陈列康熙《千字文》、陶渊明《拟古杂诗》等名人手迹和碑碣拓片百余件，展出佛像、经幢十多座。

南院的南涅水石刻展厅是精华所在，展出石刻造像几百件。石刻建造年代始于北魏，晚至北宋中期，时间跨度 500 多年，有造像塔、单体造像、造像碑等多种形制。以造像塔为主，有 400 多件。多节造像石塔是逐级收分的石件，从大到小依次向上安放，五节七节不等，每件四面开龛，题材以佛教人物和佛传故事为主，四周装饰鸟兽和花卉等吉祥图案。

南涅水出土的多节造像石塔

纯真七星河谷

武乡东部浊漳北源岸边的监漳村是支流七星河汇入北源的地方，曾是一个很热闹的乡镇。

常年流水不断的七星河谷两侧林木茂盛。部分河道穿过岩石地层，河水常年冲刷下，雕琢出一些形状各异的岩石。

会仙观

河北侧有古建会仙观。砖石门匾上写"会仙观学校"，道观"让位"给学校，大部建筑得以保全。

现存院内中轴线上从南向北依次是倒座戏台、关帝殿、玉皇殿、三清殿。左右有厢房。关帝殿左右钟鼓楼下有掖门。台基之上的玉皇殿在院内中央，面阔三间，进深四椽，单檐歇山顶。前檐下柱头铺作双下昂五铺作出斜拱，无补间，普拍枋较规整，门窗已改，内部梁架彩绘较完整。现在形制是明代大修后的情况。

北侧三清殿是主殿，面阔五间，进深六椽，单檐歇山顶。前檐下柱头上为单抄单昂五铺作，耍头做昂形，当心间两侧柱头铺作出斜拱，无补间铺作。内部梁架四椽栿接前乳栿，前设廊，覆莲柱础。板门上纹饰精细。殿内梁架上绘有龙纹、古钱纹、云纹等。壁上原有山水画，现在残存局部。

观内元至元三年（1266）《会仙观起本碑》，记录会仙观历史甚详。叙述建观道士贾志韬在庚寅岁后联合地方民众修建会仙观。庚寅岁是1230年，即南宋理宗绍定三年、金哀宗正大七年、元太宗窝阔台二年。会仙观落成应在此年以后。据碑文和古建形制，会仙观建筑年代在金末蒙初。会仙观在明正德七年（1512）至嘉靖时有十几年维修期，现存格局大体是那时候留下来的。

会仙观

应感庙

应感庙现状是一进院，坐南朝北，北侧是倒座戏台兼山门，左右是厢房，为明清建筑。龙王殿面阔五间，进深六椽，单檐悬山顶。柱头单下昂四铺作，补间为单抄四铺作，内部梁架四椽栿对前乳栿，内部空间十分开阔。后槽枋木之间有襻间。前出廊，前檐柱为抹角砂石柱。梁架用材简约规整。

山野之间的应感庙傲然独立。前些年修缮恢复了文物基本面貌，古建本体得以安全。

廊下原有两通宋代敕牒碑，字迹俊朗飘逸，记载古建历史，也颇有书法欣赏价值。

一是宋政和八年（1118）敕牒碑。现存会仙观。书法雄劲有力，有灵动之美。

应感庙修缮后格局完整

分三栏，上栏为政和八年尚书礼部颁给应感庙的敕牒。二是宣和年间《仁泽侯碑》。可见在北宋末年，应感庙先得到牒额，又得到封号仁泽侯。

会仙观内还有金正隆元年（1156）《重建应感庙记》碑。文中记载应感庙建设周期前后长达 64 年。民间修庙资金筹集是大事，宋金之际的战乱也让应感庙的修建周期更为绵长。

此庙最初三间小殿为北宋元祐七年（1092）所建，赐额封侯后的宣和癸卯（1123）建大殿五间，金乙亥年（1154）建神堂三间、亭一间，至正隆丙子年（1156）建设基本完备。此修庙记录，与泽州西顿村济渎庙碑刻反映的宋金之际修建过程颇为类似。应感庙主神是龙神，当地至今仍有小规模祈雨活动。

石牛泓

七星河之名来自地方民间传说："二郎神为压住天上十个太阳避免人间大旱，担上两座大山，压住了其中的九个在山下，后被观音点化，放过最后一个太阳，大山落在河两侧，无数小石散落在河道中，形成七个深潭，即七个石滃，同时天上出现北斗七星。于是太阳日常东升西沉，人间风调雨顺，天下太平。"这条河就是七星河。

河道下切岩层，确实形成多个形状不同的水池。其中最大的一个叫石牛滃，有文献记载为石牛泓。十年前寻石牛泓未果，如今得知当地称之为滃，才恍然大悟。

石牛泓（滃）在应感庙向上游走约 300 米的水面，是个不规整的椭圆形深潭。夏天雨水大，秋天河水依然丰沛，被岩层束缚着的奔腾水流，一股脑倾泻到深潭里，形成了一个小跌水瀑布。目测深潭水有五六米深，一说幽蓝的水面下有岩石状如牛，即所谓石牛滃名字的来历。据说即使在最干旱的季节抽水，潭水也不枯竭。这是自然野趣之地。几十年前夏季水大，常有小学生在河边嬉耍，容易出事故。曾有监漳小学老师为提醒孩子们注意安全远离河道，想出个土办法，上午放学后在学生脚踝画上红色水笔痕迹，如下午上学来红色痕迹不在，说明学生下了河。村民崔先生对此还有真切的回忆。

石牛泓之美

2021年10月持续降雨造成山西水患，但七星河水也不足旧时一半。

在自然和人文互动之下，我们看到历史遗存的纯真，给予合理保护和传承，是当代应有之义。

七星河水滋润一方沃土，应感庙、会仙观是文史的载体。这里的小流域文化地理现象是有生命力的。

后记

秘境寻踪十二年

　　现在想起来是这么不可思议，在三晋大地上的人文考察旅行居然成了我人生的一部分。历史既然选择了把仅存的这些遗产留在山西，我也就顺势而为，从最初的惊叹，到感悟、释然，这个过程如修改本书文稿一样——脱胎换骨。在路上，我发现了真实的自我，或者说知道了人生的价值，也是献给自己人生的礼物。

　　人生总要做点有意义的事，哪怕只是为了自己。和很多环球玩家的经历不同，在一个没有多少人关注、"土得掉渣儿"的地方寻觅传统文明的遗迹，这样的旅行，注定是一条小路，少人喝彩。有人说这是文化苦旅。文化之旅是肯定的，所谓的苦在我来看也是甜，这本是事物的两极。当奔波劳顿、跋山涉水来到被人遗忘的角落，看到传统文化遗存，那兴奋和感动的瞬间就是苦尽甘来。

　　这样的经历在山西大地上随时可能出现。作为现代社会的中国人，我们有必要感知原生态的传统文化遗产，它们在山西还保存着遗世独立的美。这是创造了无数奇迹的祖先留给我们的遗产，中华文明的血脉。继往才能开来，珍惜和传承，是义务更是责任。走在山西，本无所求，后来逐渐发现了真正的自己，那就尽个人的所能，无愧于心地去做些什么吧。感谢山西，感谢文明，我的原乡。

　　本书首先要献给母亲孟繁绥，没有她的支持，我不可能一走山西就是几十天。当然，还有因山西结识的同道中人。让我怀念的场景太多，君子之交淡如水，就

不再罗列名单了，我们是知音。李栓科和赵瑜两位先生的序文更是对我的鼓励和期许。

谢欣新编辑慧眼发现了这些文图的出版价值，在她的鼓励、督促之下，我才能聚沙成塔，抛砖引玉。限于篇幅，呈现在书中的仅是山西之美的若干片段，部分较熟悉的不再展开或略过，尽量选些外界所知尚少的内容。

2016年初，《发现最美古中国　山西秘境》出版，2017年秋，我的考察足迹遍及山西全境119个县市区。此书2017年加印，到2021年已无库存。最近数年我常在山西寻访、考察，一直没有合适时间修订增补。2022年有了一些时间，在原板块基础上，对文字和图片进行全面调整补充。这些年积累文章很多，也只能选择一部分。有关碑刻考证、石窟考察、南匈奴遗存考察内容已出版相关书籍，就不再全面展示，仅部分提及。

十二年来不断的山西寻访，让我对自己、对山西的认识都在逐渐深化。山西是文化遗产的海洋，文化旅游的价值洼地，山西文化的特质，我认为"至真至美"是比较中肯的评价。幸运的是，我在山西观察、记录到一些少为人关注的文化现象。

山西秘境是一个无边的数据库，我的文章，是在丰富这个数据库的内容。我们对山西秘境的认识，需要不断更新、完善、发扬、光大。

感谢谢欣新编辑，感谢李艳编辑为本次出版所做的全面细致的工作。感谢亲友，感谢三晋各界师友的鼓励、支持。全面增补的过程是回顾多年来山西考察的过程，那些遇到的人和事，亲历的现场，都是人生升华的机缘。

山西秘境，是文化的秘境，是用多少时间都难以全部了解的传统文化海洋。我们在不断发现山西秘境的路上。我们会在路上遇见，一起向文明致敬。

刘勇

2023.5